ANATOMIA DO DESIGN

Uma análise do design gráfico brasileiro

ANATOMIA DO DESIGN

uma análise do design gráfico brasileiro

Cecilia Consolo (org.)

Anatomia do design - uma análise
do design gráfico brasileiro
Copyright © 2009
Editora Edgard Blücher Ltda.

Todos os direitos reservados pela Editora
Edgard Blücher Ltda. 2009

É proibida a reprodução total ou parcial
por quaisquer meios, sem autorização
escrita da Editora.

Ficha Catalográfica

Anatomia do design :
    uma análise do design gráfico brasileiro
    organização Cecília Consolo.
    — São Paulo : Blücher, 2009.

    Vários autores.

    Bibliografia.

ISBN 978-85-212-0475-6

    1. Design - Brasil
    2. Design - História
    3. Design gráfico (Tipografia) I. Consolo, Cecília.

09-00805   CDD-741.60981

Índices para catálogo sistemático:
1. Brasil : Design gráfico : História 741.60981
2. Design gráfico brasileiro : História 741.60981

Publisher
Edgard Blücher

Editor
Eduardo Blücher

Editor de desenvolvimento
Rosemeire Carlos Pinto

Preparação de originais
Eugênia Pessotti

Revisão de provas
Angela dos Santos Neves
Eugênia Pessotti

Organização e direção de arte
Cecilia Consolo

Capa e projeto gráfico
Luciano Cardinali e Cecilia Consolo

Design gráfico e diagramação
Fábio Nitta

Banco de dados dos projetos
arte3

Imagens
A autenticidade e autoria das imagens
é de responsabilidade dos próprios
autores de cada projeto.

Impressão
Geográfica Editora e Gráfica

EDITORA BLÜCHER
Rua Pedroso Alvarenga, 1245, 4º andar
04531-012 – São Paulo – SP – Brasil
Fax 55 11 3079-2707
Tel 55 11 3078-5366
editora@blucher.com.br
www.blucher.com.br

06	ADG BRASIL: 20 anos
07	NOTA DO EDITOR
08	SOBRE OS AUTORES
11	**PREFÁCIO** André Stolarski
14	**1 - A TRAJETÓRIA SIMBÓLICA E CULTURAL** Cecilia Consolo
26	**2 - DESIGN PROPULSOR DA ECONOMIA** João de Souza Leite
70	**3 - DESIGN VOLTADO A MEIO AMBIENTE E SUSTENTABILIDADE** Fred Gelli
86	**4 - DESIGN E MEMÓRIA** Rafael Cardoso
114	**5 - POPULAR, REGIONAL, VERNACULAR** Fátima Finizola
138	**6 - DESIGN E INTERFACES AUDIOVISUAIS** Mateus de Paula Santos
166	**7 - POÉTICAS VISUAIS** Alécio Rossi
216	**8 - COMUNICAÇÃO SINTÉTICA** Chico Homem de Melo
270	**9 - FLUXOS** Celso Longo
294	**10 - MANIFESTO** Paulo Moretto
320	REFERÊNCIAS BIBLIOGRÁFICAS
321	ÍNDICE REMISSIVO

ADG Brasil: 20 anos

Para uma associação de voluntários, o aniversário de 20 anos de existência é um marco importante. Neste período, computadores, internet, celulares e o mundo digital espalharam-se por uma imensa parcela de nossas vidas, exigindo que repensássemos conceitos como tempo, espaço, arte, colaboração, parceria, associativismo e design. A ADG Brasil sobreviveu a essas e muitas outras mudanças, crises econômicas e crises internas porque é uma organização feita de pessoas, e é nessa condição que ela deve se pensar e se preparar para os próximos 20 anos.

Afinal, o que queremos da ADG Brasil?

A ADG (sem o "Brasil") surgiu em 1989 a partir da necessidade de fortalecimento profissional percebida por um pequeno grupo de designers paulistas. De lá para cá, além de adquirir abrangência nacional, a entidade elaborou um código de ética, uma proposta padrão para o relacionamento comercial – serviços como os de cálculos de custo horário, orientação para normas de concursos e premiações etc. Dentre as publicações que a ADG lançou estão o *Guia legal,* a *pesquisa do perfil de associados,* o *Kit prática profissional* e os levantamentos de honorários, os boletins impressos e via site, o livro *Design caso a caso,* a *Revista da ADG* veiculada por seis anos consecutivos, o livro Valor do design já na terceira edição, e o *Caderno de Ética.*

A ADG Brasil participa de diversos eventos nacionais e internacionais, destacando-se os congressos do Icograda no exterior, que tiveram sua versão brasileira em 2004. Nesse âmbito, a ADG organiza comissões e seminários, workshops e palestras em diversos estados do País.

A associação desempenha, ainda, o papel de representar a classe, participando de comissões de órgãos governamentais, instituições culturais e museus, como a Câmara Setorial (com o Ministério da Cultura), A Comissão Nacional de Cultura – CNIC, o programa Cidade Limpa (São Paulo), a Comissão de Regulamentação da Profissão etc.

Imaginem o que seria de nossa atividade se não houvesse as Bienais de Design Gráfico? Elas constituem tanto um precioso registro histórico da atuação dos designers brasileiros quanto uma ferramenta importante de divulgação e promoção do design no País. O momento é de re-estruturação e expansão. As necessidades da profissão mudam e a ADG precisa repensar o seu papel na sociedade, em diversos sentidos, seja no que se refere às relações entre designers, fornecedores, empresários, governo e outras associações, seja no que se refere às ferramentas de que todos necessitam para aprimorar essas relações.

Para que isso seja possível – e parafraseando John Fitzgerald Kennedy –, a questão a ser respondida hoje não é "o que a ADG Brasil pode fazer pelos designers?", mas, sim, "o que os designers brasileiros podem fazer pelo design e pela organização que os representa no país".

Diretoria ADG Brasil
André Stolarski
Bruno Lemgruber
Delano Rodrigues
Fabiana Medaglia Soccol
Fernanda Martins
Sônia Valentim de Carvalho

Nota do editor

O livro *Anatomia do Design:* uma análise do design gráfico brasileiro reflete a riqueza de nossas múltiplas influências culturais e o talento de nossos profissionais na realização de trabalhos diversos que, além de seu aspecto estético, que surpreende a cada projeto, cumprem, com eficácia, os diferentes propósitos para os quais foram criados.

Esta obra revela a capacidade extraordinária com que nossos designers respondem aos desafios colocados por um mercado cada vez mais exigente e as soluções criativas adequadas às demandas do contexto em que se apresentam.

Com a publicação de Anatomia do Design, literatura que reflete o que de melhor tem se produzido pelos designers gráficos brasileiros na atualidade, a Editora Blucher reafirma a sua disposição em publicar obras de significado cultural e de grande interesse para o nosso público.

Eduardo Blücher
Editor

SOBRE OS AUTORES

Cecilia Consolo *A trajetória simbólica e cultural*

É designer e doutoranda em Ciência da Comunicação pela ECA/USP, tem 30 anos de experiência em desenvolvimento de projetos de comunicação e consultoria de identidade de marcas. É sócia-diretora da Consolo & Cardinali Design desde 1986. É professora de projeto para o curso de Design da Faap e da Facamp. Foi editora e responsável pela realização da *Revista ADG*, nos seis anos de sua existência. A publicação trouxe à tona os questionamentos dos designers na sua prática profissional, divulgando e fortalecendo a profissão. Cecilia é também responsável pela coordenação brasileira da organização Tipos Latinos, que atualmente possui sede em nove países latino-americanos: Argentina, Brasil, Chile, Colômbia, México, Peru, Paraguai, Uruguai e Venezuela. A Bienal Tipos Latinos 2008 acontece simultaneamente em 12 países latino-americanos. Cecilia representou o Brasil em várias mostras internacionais, seus trabalhos já foram expostos em vários países – Argentina, Chile, México, Portugal, Espanha, França, Bélgica, Croácia, República Tcheca, Polônia e Japão –, além de em várias mostras no Brasil.

João de Souza Leite *Design propulsor da economia*

É designer formado pela ESDI, em 1974, e PhD em ciências sociais pelo Instituto de Filosofia e Ciências Humanas da Uerj. Iniciou sua vida profissional em 1966, como assistente de Aloisio Magalhães. Entre seus projetos estão a identidade visual do Jockey Club Brasileiro e do Banco Central do Brasil. Realizou inúmeros projetos na área editorial e foi consultor da Casa da Moeda, do Iphan e da Presidência da República. Entre suas publicações está *Design: entre o saber e a gramática*, premiado pelo Museu da Casa Brasileira em 2003. Pesquisou e organizou *A herança do olhar: o design de Aloisio Magalhães*, também premiado pelo MCB em 2004. Em 2005, fez a curadoria das exposições Design'20: formas do olhar, em Porto Alegre, e O outro sentido do moderno: Aloisio Magalhães e o design brasileiro, no Rio. Atualmente é professor da ESDI e da PUC-RJ, desenvolvendo análises sobre as relações entre design e sociedade no Brasil.

Fred Gelli *Design voltado a meio ambiente e sustentabilidade*

É formado em design industrial pela PUC-RJ. Atua como diretor de criação e, há cerca de 20 anos, é um dos sócios da agência Tátil Design de Ideias. Já conquistou mais de 50 prêmios nacionais e internacionais do setor, dentre os quais o IF Design Award, em 2004, com o portfólio Book Tátil. Em 2007, participou como jurado dos projetos inscritos na renomada premiação britânica D&AD, na categoria embalagens. Também participou como jurado do Prêmio Cannes Lions 2008 na categoria Packaging Design, Brand Identity e Environmental Design. Fred Gelli é, ainda, professor do curso de graduação em Desenho Industrial e Comunicação Visual na PUC-RJ, onde inaugurou, em 2008, a cadeira Ecoinovação.

Rafael Cardoso *Design e memória*

Rafael Cardoso é escritor e historiador da arte. Seu mais recente livro é *A arte brasileira em 25 quadros (1790-1930)* (Record, 2008). Entre seus trabalhos principais de não-ficção estão os livros: *O design brasileiro antes do design* (Cosac Naify, 2005), *Uma introdução à história do design* (Edgard Blücher, 2008, 3. ed.) e *Art and the academy in the nineteenth century* (Manchester University Press & Rutgers University Press, 2000). Na ficção, sua produção inclui os livros *Entre as mulheres* (2007), *Controle remoto* (2002) e *A maneira negra* (2000), todos pela editora Record. É PhD em história da arte pelo Courtauld Institute of Art/Universidade de Londres e atua como professor associado do Departamento de Artes & Design da PUC-RJ, atuando também como curador e perito judicial.

Fátima Finizola *Popular, regional, vernacular*

É designer, especialista e mestranda em Design da Informação pela Universidade Federal de Pernambuco – UFPE. Atuou como professora do curso de design da mesma instituição no período de 2000-2004, em que coordenou o grupo de estudo "Design Vernacular". É sócia-diretora da Corisco Design Gráfico e colaboradora da fonthouse Crimes Tipográficos e do site Tipos Populares do Brasil. Possui projetos expostos na 3ª Mostra Tipografia Brasilis, na Bienal Letras Latinas 2006, no Salão Pernambuco Design 2004 e 2008 e na 8ª Bienal da ADG. Atuou como curadora da Mostra Vernaculares-Integração entre Design Formal e Vernacular, realizada durante o Salão Pernambuco Design 2004, e foi integrante da comissão organizadora do Salão Pernambuco Design 2008.

Mateus de Paula Santos *Design e interfaces audiovisuais*

É designer formado em comunicação visual pela FAAP e atua como diretor de criação da Lobo, seu próprio estúdio de design e animação com sedes em São Paulo e em Nova York. É responsável por projetos premiados dentro e fora do Brasil, dentre os quais figura o clipe "Video Computer System", eleito melhor clipe de música eletrônica no VMB 2000 da MTV. A Lobo também foi premiada no Art Directors Club de Nova York, na Bienal Brasileira de Design Gráfico ADG Brasil e no The One Show, D&AD, Clio Awards, New York festival e Cannes com projetos de identidade corporativa para as emissoras Rede Globo, TV Bandeirantes, e demais projetos comerciais para as agências F/Nazca, Diesel e Almap/BBDO.

Alécio Rossi *Poéticas visuais*

É mestre em comunicação midiática e design, autor da dissertação "Comunicação e código de marcas na cultura contemporânea", defendida na Faculdade de Arquitetura, Artes e Comunicação da Unesp. É especialista em design de movelaria. Formado em Letras e em Artes Plásticas pela Unesp e ECA/USP respectivamente, é designer e educador responsável pelo desenvolvimento de novos cursos de graduação nas áreas de Comunicação, Artes e Design do Senac-São Paulo, onde implantou os cursos de Design Gráfico e Comunicação Visual. É professor do departamento de Artes da PUC-SP. Atua como consultor para identidade corporativa e em projetos especiais de comunicação e design.

Chico Homem de Melo *Comunicação sintética*

É designer, arquiteto, mestre e doutor pela FAU/USP, onde é professor da área de programação visual. É diretor da Homem de Melo & Troia Design e autor de diversos livros e artigos sobre design.

Celso Longo *Fluxos*

É arquiteto e mestre em Design e Arquitetura pela FAU/USP. Colaborou com importantes escritórios de programação visual – dentre eles, o pioneiro Cauduro Martino Arquitetos Associados. Desde 2005, dirige o Imageria Estúdio, focado em projetos de design editorial, ambiental, promocional e identidades visuais para as áreas de educação e cultura. Nas últimas bienais de design gráfico da ADG-Brasil, teve trabalhos premiados e selecionados com destaque. Ministrou cursos e workshops em instituições de ensino de design em São Paulo, como o Centro Universitário Senac e o Istituto Europeo di Design. Atualmente, é professor do curso de graduação em Design Visual da Escola Superior de Propaganda e Marketing de São Paulo.

Paulo Moretto *Manifesto*

É arquiteto/mestre pela FAU/USP (1991/2004) e, desde sua graduação, atua como designer gráfico. Seu mestrado intitulou-se "Cartazes de Propaganda Cultural no Brasil" e compreendeu um estudo sobre os cartazes produzidos na segunda metade do século XX. Como artista gráfico, tem especial interesse pela gráfica urbana (grafites, pichações etc.). Criou vários cartazes explorando a linguagem do "lambe-lambe" (tipografia tradicional), alguns expostos em renomadas mostras internacionais, como: o Festival International de L'affiche et des Arts Graphiques de Chaumont – França, a Internacional Biennale of Graphic Design Brno – República Tcheca e a Internacional Poster Biennale – Varsóvia, Polônia. Foi artista convidado de Handmade (Museu do Design – Zurique), Brasil em Cartaz (Chaumont), ambas em 2005. Recentemente, em abril de 2008, fez a curadoria da mostra A cultura do cartaz, no Instituto Tomie Ohtake.

Prefácio

A Bienal Brasileira de Design Gráfico ADG Brasil é a maior e mais importante exposição regular sobre design gráfico no país desde a sua primeira edição. Isso se deveu, durante algum tempo, a três fatores.

Em primeiro lugar, ela foi a única exposição do gênero que conseguiu sustentar sua periodicidade – até hoje. Em segundo lugar, ela foi a mais representativa do ponto de vista quantitativo, começando com algo em torno de cinquenta trabalhos por edição e estabilizando-se com trezentos e poucos após alguns biênios, somando aproximadamente 1.500 trabalhos apresentados até hoje.

Finalmente, ela foi também a mais representativa do ponto de vista qualitativo, não apenas porque os trabalhos que apresentou foram considerados os melhores produzidos a cada dois anos, mas porque os critérios e a estrutura de seleção dos trabalhos foram constantemente aprimorados, resultando em um evento de qualidade projetual e crítica sem paralelo.

Do ponto de vista histórico, a Bienal é, portanto, nosso maior testemunho dos últimos vinte anos. Tudo o que aconteceu de lá para cá está, de certa forma, estampado nas páginas de seus catálogos: o início do amadurecimento das relações profissionais entre os designers gráficos do país (a bienal foi sua primeira aparição em público, independentemente de organismos ou instituições estatais); o salto das formas mecânicas de produção para as tecnologias digitais; a popularização dos meios de produção e o aumento exponencial do número de profissionais; a progressiva tomada de consciência da importância do design gráfico por parte de clientes cada vez mais numerosos e diversificados; a ampliação de associações, organismos e instituições profissionais por todo o país; o crescimento das escolas e da importância dos trabalhos desenvolvidos dentro delas; o aprofundamento da investigação de repertórios locais; o amadurecimento da relação com a tradição clássica europeia e com os movimentos dos principais centros produtores de design e, finalmente, a tomada de consciência que resultou, nos últimos anos, num movimento reflexivo espelhado no aumento em progressão geométrica da produção crítica sobre design gráfico no país.

Nesse percurso, o design brasileiro aprimorou e consolidou três características que, de um modo geral, marcam a maturidade de qualquer atividade: consciência profissional, produção autônoma e reflexão crítica. A 9ª edição da Bienal, que se despede dos seus dezoito anos comemorando os vinte anos da ADG Brasil, celebra, portanto, o amadurecimento do design gráfico no país.

Essa maturidade, no entanto, traz consigo dois grandes desafios. O primeiro deles é que, com a ampliação do número de escolas, instituições, premiações e exposições de design gráfico, será cada vez mais importante para a Bienal saber formular e manter o seu papel de principal registro histórico do design gráfico no país. Esse é o seu compromisso profissional. O segundo é que o aumento da importância do design gráfico implicou o aumento do público interessado pela profissão, e isso requer da Bienal um enorme esforço para aliar a seleção e exposição dos melhores trabalhos produzidos a cada dois anos com uma reflexão de qualidade sobre essa mesma produção, sem a qual os trabalhos expostos não passam de uma vitrine regida pelo gosto ou pela moda. Esse é o seu compromisso público.

A 9ª Bienal Brasileira de Design Gráfico ADG Brasil é uma tentativa de responder a esses desafios e preparar o caminho para futuras bienais. Seu desenho curatorial foi elaborado passo a passo por Cecilia Consolo e por mim, com o acompanhamento de toda a diretoria, e procurou unir o melhor da produção ao melhor da crítica.

Se a 8ª Bienal já havia substituído a exposição dos projetos selecionados organizada em categorias meramente descritivas (capas de livro, embalagens, periódicos etc.) por uma exposição com categorias reflexivas, que procuravam ler o todo da produção, de acordo com conceitos mais abrangentes. A 9ª Bienal radicalizou esse aspecto: em vez de pedir aos designers que inscrevessem seus trabalhos como capas de livros, embalagens e periódicos, a curadoria estabeleceu e descreveu, de antemão, nove categorias expositivas conceituais, pedindo aos participantes que inscrevessem trabalhos que se adequassem a elas. Para delinear cada categoria, foram convidados profissionais de peso, entre designers, historiadores e críticos, que também se responsabilizaram pela seleção dos trabalhos, dispensando o tradicional júri da bienal em favor de leituras mais definidas e assumidamente individuais.

Proceder dessa forma, é claro, é um grande risco. Se a criação das categorias expositivas não parte do exame dos trabalhos inscritos (como ocorreu na 8ª Bienal), a exposição pode correr o perigo de perder justamente aquilo que sempre foi a sua força: a representatividade. Afinal, quantos trabalhos ficaram de fora porque não se adequaram a categoria nenhuma? Quantos trabalhos deixaram de ser inscritos porque eventuais participantes julgaram as categorias ou os procedimentos de inscrição complicados demais?

Surpreendentemente, os problemas que ocorreram foram exatamente na direção contrária dessas perguntas. Em primeiro lugar, o problema mais comum entre os participantes não foi conseguir encaixar os trabalhos em pelo menos uma das categorias, mas decidir entre mais de uma para a inscrição. No texto de auxílio às inscrições, dei um exemplo radical de um possível trabalho vinculado a quase todas elas:

"Dependendo do objetivo do trabalho, a categoria na qual ele pode ser inscrito pode variar. Vejamos, por exemplo, um projeto que pode ser inscrito em quase todas as categorias, dependendo da função primordial atribuída pelo designer: Um cartaz (Manifesto) de divulgação de um evento sobre migrantes nordestinos (Fluxos), promovido por uma grande empresa (Design propulsor da economia), que reproduza com técnicas e materiais recicláveis (Design voltado a meio ambiente e sustentabilidade), uma xilogravura (Poéticas visuais) de um símbolo (Comunicação sintética) da cultura armorial (Design e memória), feito por um artista local (Popular, regional, vernacular). Nesse caso, é importante perguntar: qual a referência mais importante do projeto? Em qual dessas categorias ele faz mais diferença? Em qual delas sua contribuição é maior?"

O exemplo que citei é quase caricato, mas o fato é que as categorias e sua definição mostraram-se surpreendentemente includentes, e o desafio dos designers não foi o de forçar a barra para conseguir enviar o seu trabalho, mas o de refletir sobre os seus trabalhos de acordo com as proposições curatoriais. (É importante notar que, de certa forma, isso sempre ocorreu nas bienais: em todas elas, pedia-se aos participantes que enviassem pranchas contendo descrições que ajudassem a contextualizar e entender os projetos submetidos.)

Na 9ª Bienal, portanto, dobramos a aposta na capacidade e no comprometimento intelectual de todos. A paga foi recompensadora. A qualidade dos trabalhos e das informações enviadas, bem como a relação entre essa qualidade e o procedimento proposto para a inscrição, foram enfaticamente elogiadas pelos curadores, sugerindo que essa mecânica acabou funcionando como um importante filtro qualitativo.

Apesar de todos os riscos, portanto, a 9ª Bienal Brasileira de Design Gráfico ADG Brasil atingiu seu objetivo: aliar a grande reflexão ao grande mostruário da produção nacional. Este livro, em que registro visual e contribuição crítica aparecem de forma mais equilibrada do que nas edições anteriores, resume esse esforço. Se existem muitas outras alternativas de organização curatorial para a Bienal, essa edição teve, ao menos, o privilégio de fortalecer essa afirmação.

André Stolarski

É designer formado em arquitetura pela Faculdade de Arquitetura e Urbanismo da Universidade de São Paulo. Dirigiu o departamento de design e museografia do Museu de Arte Moderna do Rio de Janeiro de 1998 a 2000. É sócio-diretor da Tecnopop, onde desenvolve diversos projetos nas áreas editorial, expositiva e de identidade visual. Concebeu e desenvolveu o volume *Depoimentos sobre o design visual brasileiro: Alexandre Wollner* e a *formação do design moderno no Brasil* e adaptou para o português o livro *Elementos do estilo tipográfico, do poeta, ensaísta e tipógrafo canadense Robert Bringhurst*, ambos editados pela Cosac Naify em 2005.

A
TRAJETÓRIA
SIMBÓLICA E
CULTURAL

1

Cecilia Consolo

CAPÍTULO 1
A Trajetória Simbólica e Cultural
Uma reflexão sobre a linguagem do design

Cecilia Consolo

Atuando como profissional e professora de design gráfico faço, no início de cada manhã, uma reflexão sobre os códigos do design e sua inserção na sociedade. Devo dizer que, após 30 anos atuando profissionalmente, minha visão sobre o assunto já percorreu vários caminhos e adotei posições até contrárias. Frente ao desafio de propor um recorte para a Bienal Brasileira de Design Gráfico, era necessário organizá-lo dentro de determinados parâmetros de produção. Primeiramente, dentro de todas as suas interiores, design digital etc., o design gráfico se insere essencialmente no campo da comunicação.

Essa área é responsável por "traduzir" visualmente informações e estabelecer modos visuais para tornar a comunicação mais rápida e eficiente para o público desejado. Diante dessa premissa, o design gráfico deve ser um instrumento voltado à qualidade de vida, facilitando a comunicação de grupos até de idiomas diferentes, ou seja, o design gráfico, para ser considerado como tal, deve trabalhar nessa direção. Com os avanços tecnológicos, as fronteiras estão cada vez mais tênues em relação à delimitação das áreas do design como forma do pensamento e expressão humana.

Apesar de carregar no nome o termo *gráfico*, o design voltado à comunicação pode estar inserido numa interface audiovisual, numa máquina de lavar roupas, na orientação de pessoas dentro de uma cidade ou no interior de um automóvel. Sendo assim, o que muda na história do design?

O processo de "facilitar" a comunicação ou mesmo de criar códigos que sintetizam uma grande gama de informações tem a mesma origem que a própria história. O que marcamos na linha do tempo são determinados registros de linguagem, ou seja, "a maneira de se fazer" associada aos recursos tecnológicos disponíveis. A técnica sempre influenciou as formas de registro e expressão gráfica, ou melhor, da informação em códigos visuais.

O desafio que propus para a edição da 9ª Bienal Brasileira de Design Gráfico é estimular a análise e a compreensão do design gráfico contemporâneo, que se tornou um dos principais vetores da economia, com consequências estratégicas nas empresas e na sociedade. A análise deveria se concentrar nos atributos como forma de expressão, eficiência na comunicação e benefício das relações sociais de produção e de consumo. A reflexão se fixou no processo de operação, que de forma prática e teórica, resultam em soluções expressivas e numa orquestração de códigos que propicia uma leitura nada linear das informações. Para essa análise sobre a linguagem do design, é necessário vê-lo não somente como uma ferramenta de mercado, utilizada para uma comunicação persuasiva, mas, sim, como um importante "sinalizador" cultural.

Se o design de produtos, por sua vez, se insere no campo das técnicas e dos materiais a fim de nos libertar de nossas limitações físicas, o design gráfico converte em linguagem simbólica a cultura e a história. Então, tudo que informa é design? Uma pintura em que uma soma de símbolos culturais é tratada nas imagens de forma dissimulada é design? Um achado arqueológico em que é possível reconhecer valores sociais, ritos e simbologias da época é design? Essa é uma pergunta recorrente em todas as análises. Podemos então fixar a discussão nesse processo específico: a codificação do mundo em elementos simbólicos. Traduzir conceitos em símbolos visuais tem sido a tônica do design gráfico ao longo do tempo.

Podemos dizer que a cultura é uma expressão da memória, sendo esta uma herança dos nossos antepassados ecobiológicos, geográficos e sociais, além da consciência e o desígnio como resultado da exposição física aos objetos e tecnologias presentes na vida cotidiana.

Origens

A cultura ocidental tem origem na Grécia clássica, fato que nos possibilitou construir uma visão mais pragmática do mundo. A busca por uma decodificação do mundo sob o olhar da lógica nos levou ao foco nos objetos, no entendimento do mundo como um organismo estável, contínuo e regido por regras. Tanto Platão como Aristóteles se debruçaram sobre o significado das coisas e seus signos com ênfase no nome, o seu significante. Aristóteles nos dá uma máxima em relação a nossa percepção de mundo: "nossos sentimentos e afeições são retratos das coisas".

A ênfase na lógica caminhou da aritmética e da álgebra para a geometria lógica, o que consistiu o caminho para a construção das noções de perspectiva no Renascimento. O nosso sistema ótico capta ângulos, planos e profundidade de modo muito diferente das regras da perspectiva, baseadas nos teoremas da geometria. Essas soluções matemáticas para a representação tridimensional em superfícies planas perduram até hoje, e nos permitiram **simular** a sensação espacial capturada pela visão para representações bidimensionais.

Para os orientais, por exemplo, sobretudo os chineses, a álgebra e a aritmética não formalizaram a lógica e houve poucos progressos em geometria. Sua atenção não estava focada na matéria ou no átomo, mas, sim, no campo das forças que regem o universo, no magnetismo, nas marés etc. Definiam a matéria como uma substância contínua com o mundo e que, por sua vez, estava em constante mutação. Os chineses engajavam-se em relações múltiplas e complexas com outros indivíduos, envolvendo família, vila, representantes de estado etc. – era uma sociabilidade interdependente; cada cidadão planejava suas ações ponderando o impacto e a relação com a comunidade. A fricção social tendia a ser minimizada. Os indivíduos se percebiam como parte de um contexto, como parte de toda a ação de natureza; já os gregos atuavam de forma independente, valorizavam as características e habilidades individuais, a comunidade mantinha relações sociais mais simples e diretas. Como havia foco nas "coisas", estas eram valorizadas em associação com os objetivos individuais que são dissociados dos outros.

Aonde isso nos levou? Levou ao entendimento da comunicação por meio dos objetos e das representações, cujos signos que nos rodeiam são, por sua vez, a forma como enxergamos o mundo. Exemplo: caso não fossem os americanos, mas os chineses, que tivessem proposto uma caneta popular, a esferográfica não teria uma esfera de aço na ponta, mas um pincel.

Se partirmos para buscar as origens do design no passado mais remoto, nas grutas de Lascaux, entenderemos que aqueles desenhos "significam o mundo, na medida em que reduzem as circunstâncias quadridimensionais de tempo/espaço a cenas"[1]. São representações que codificam uma experiência de mundo e são deixadas como registros de memória, de existência.

O design, nesse contexto, insere-se como uma síntese visual que registra tempo/espaço e a situação vivida. É importante apontar, que a sistematização da ação para contar a história do mundo só ocorre 17 mil anos depois, quando a escrita propriamente dita, foi concebida como sistema, a partir da elaboração de um conjunto organizado de signos, por meio do qual o homem pode registrar e expressar pensamentos, fatos, dados do comércio, propriedades etc.

Esse longo processo frutificou entre os rios Tigre e o Eufrates na Mesopotâmia por volta de 3000 a.C. A partir daí, as relações comerciais, invasões e guerras foram conformando, para cada povo, conjuntos de caracteres particulares, nivelados mais tarde pelo Império Romano em nosso sistema básico de escrita, o alfabeto romano.

Imaginário, repertório e identidade

As civilizações ocidentais passaram a registrar sua história e identidade por meio de códigos gráficos. Pertencer a uma língua e, por sua vez, dominar uma escrita, é um dos laços básicos sociais, e dos mais profundos. Cada indivíduo acessa seu "banco" de memórias, imaginação e sentimentos para atribuir valor e significado às coisas. Cada vez mais, os objetos e as imagens se tornam uma extensão desses indivíduos.

Os primórdios dessa construção do imaginário se encontram nas mais variadas formas e adornos. De objetos, ferramentas, arquitetura, cujas representações se baseiam no mundo físico ao redor, então todo âmbito fisio-tecno-bio-eco-antropológicos acabam por se relacionar e influenciam a construção desse repertório semântico-visual e são traduzidos para a linguagem ou expressão gráfica.

Se tomarmos como referência a arte-cerâmica grega, é notável como a matemática e a geometria são valorizadas na maioria das frisas. As habilidades físicas do homem na sua vida diária, na guerra, nos jogos olímpicos e até na relação com

1. Vilém Flusser. O mundo codificado, (2007: 131)

2. Anotação de Profa. Dra. Mayra Gomes Rodrigues.

3. Gutenberg desenvolveu o sistema de impressão em 1450, registro da impressão da bíblia de 36 linhas – a de 42 linhas foi impressa em 1455.

os deuses, são codificadas em elementos gráficos, ou sínteses visuais, constantes nesses vasos que "embalavam" água, vinho, azeite, cinzas, além de outras coisas, revelando, por assim dizer, uma visão de mundo centrada no homem, nas conquistas da vida terrena e nas suas relações sociopolíticas.

Mesmo depois da invenção da escrita, os códigos de superfícies sobre tapetes, afrescos, tecidos, frisas continuaram a desempenhar um papel importante. Ora tratados como símbolos de poder e riqueza, ora como elementos que enfatizavam as artes e a capacidade lírica.

O termo **design** só passou a ser implantado por volta do século XVIII, com as produções artesanais que começaram a se organizar como indústria. Até então, as fronteiras entre manufatura e arte eram pouco definidas. Todavia, a valorização da palavra e do domínio da escrita como fonte de expressão de poder, levou à produção de incontáveis manuscritos, amplamente adornados com iluminuras pelos monges dos monastérios medievais, por quase mil anos. Eles não só produziram um repertório imagético, mas também uma consciência documental e elaborada da história e da filosofia da época. Podemos traçar um paralelo com o resultado gráfico desses livros e pergaminhos sacros carolíngios com o pensamento Agostiniano que reflete como as coisas são conhecidas por meio dos signos: "Todas as coisas conhecidas através dos signos são coisas naturais, que revelam a vontade de Deus"[2].

Outro exemplo que podemos observar é o célebre monograma da Encarnação [fólio 34 do livro de Kells (794-806d.C.)], composto pelas letras Qui (X) e Ró (P), que são as duas primeiras letras da palavra Cristo em grego (ΧΡΙΣΤΟΣ). A letra Qui domina a página, com um de seus braços estendendo-se por uma grande superfície da folha. A letra Ró está enroscada sob as formas de Qui. Ambas as letras estão divididas em compartimentos luxuosamente decorados com arabescos e outros motivos. No fundo do desenho, dezenas de ilustrações entrelaçam-se umas nas outras. Entre essa massa de ornamentos, ocultam-se toda classe de animais, flores e até insetos. Em um dos braços de Qui surgem três anjos. Esse entrelaçamento era muito comum nos povos Celtas, mais um indício das sobreposições.

No apogeu da Escolástica, João de São Thomas (1589-1644) conhecido como São Tomás de Aquino, vem acrescentar que o signo é nosso principal instrumento cognitivo. A favor do nominalismo, ele defende que os signos são instrumentos para a fala e para todo o conhecimento. Essa é uma visão pansemiótica do mundo onde tudo é signo. Podemos considerar que esse pensamento só foi possível após 1450-1455[3], quando Gutenberg desenvolveu a imprensa. Ele otimizou a reprodução com sua engenhosa prensa, os tipos móveis fundidos a partir de uma liga de chumbo e incorporando o uso do papel, há muito tempo utilizados na China. Esse pensamento é também posterior às ilustrações de Albrecht Dürer, das publicações dos primeiros manuais científicos e dos protótipos de Leonardo da Vinci.

A produção de conhecimento e os meios de reprodução/impressão estariam somente ligados ao desenvolvimento de um pensamento gráfico voltado à comunicação? A memória histórica e a memória imagética foram somente registradas em superfícies bidimensionais até o início do século XX, por meio de códigos, caracteres fonéticos, pictogramas etc. Não vamos nos esquecer de que os objetos que nos cercam, a arquitetura, as ferramentas e a mobília, são reflexos desse olhar e dos registros individuais de visão de mundo. Nós temos aqui o homem-fabricante, aquele que cria associações, amplia e potencializa as capacidades humanas e o homem-social, que entende as relações da

A Trajetória Simbólica e Cultural | 19

vida coletiva e as transporta para as línguas e, por consequência, para os registros visuais da sua escrita.

Esse registro é sempre fruto dos referentes em determinado momento, e é **sempre um sistema**. Segundo Louis Hjelmslev (1899-1965), "a forma é uma rede aberta projetada sobre a matéria, uma estruturação semiótica ou cultural que determina nossa cognição das substâncias...".

Naquele momento crucial de desenvolvimento tecnológico, uma série de pensadores também discutia a linguagem com olhar pragmático como Roman Jakobson (1896-1982), linguista da escola de Praga. Destaca-se a presença de Charles Sanders Peirce (1839-1914) e a semiótica cuja pesquisa aponta o signo não pelo viés da linguística, mas, sim, pela perspectiva da lógica de Aristóteles. A semiótica peirceana é a ciência que analisa os processos de produção de significação. Para Peirce, essa idéia é infinita ou ilimitada e diz respeito a uma produção de significação que não cessa jamais. Ela está sempre propagada e multiplicada, como o fim do período Edo e do Xogunato no Japão, cuja abertura para o ocidente ofereceu um novo e vasto repertório visual e teve influência direta nas representações gráficas do *Art Nouveau* na Europa, principalmente na articulação dos elementos e símbolos. Curioso é pensar no lema da Bauhaus, a célebre escola de design do início do século XX: "a forma segue a função" — como que limitando as construções dos objetos no campo da engenharia. Diante dessa colocação e analisando o processo de atribuição de significados, defrontamos-nos com a colocação de Mirja Kalviainen, professora e pesquisadora da Kuopio Academy of Design da Finlândia:

"A forma não mais segue a função. A forma segue o significado." – considerando que o processo de design deve incorporar uma compreensão, além dos aspectos cognitivos, também o "como" as coisas são percebidas.

4. Conceito de Serge Moscovici (1928) para ele "uma palavra e a definição do dicionário dessa palavra contém um meio de classificar indivíduos e, ao mesmo tempo, teorias implícitas com respeito a sua constituição, ou com respeito às razões de se comportarem de uma maneira ou outra – como que uma imagem física de cada pessoa que corresponde a tais teorias" (2003:39)

5. Apud Machado. (2007:114)

6. Discurso no sentido exposto por Greimas: Discurso é tomado como a totalidade dos enunciados de uma sociedade aprendida na multiplicidade de seus gêneros.

7. Refere-se às funções da comunicação de Roman Jakobson no livro Lingüística e comunicação.

8. Machado. (2007:16)

O universo simbólico

Sendo assim, teria o design a função de ancorar[4] certos dados do mundo quando sua manifestação é majoritariamente iconográfica? Ao criar um símbolo, uma marca ou uma página de um livro, estamos representando uma narrativa que envolve espacialidade, temporalidade e aspectos cognitivos da mensagem. Não podemos pensar o design como uma linguagem à parte, desvinculada daquilo que permitiu seu acontecimento e, principalmente, da forma como aconteceu. O texto está vinculado à produção material, o discurso, atrelado ao conteúdo, e o contexto só pode ser analisado levando-se em conta a história e os papéis sociais.

Há marcadas diferenças culturais em relação à categorização, atribuição causal, aplicação de regras e preferências. Essas diferenças decorrem de percepções diferentes, associadas às formas como colocamos a atenção nos objetos e no ambiente. A lógica formalizada, desenvolvida pelos gregos, e a dialética estimularam o desenvolvimento da nossa percepção para as contradições e o embate de posições.

A ancestral estrutura social chinesa, decorrente de uma sociedade coletiva ao extremo, privilegiava a mediação, pois o contrário representava uma ameaça para a estrutura social. Os chineses buscavam "o caminho do meio" entre contradições aparentes. Assim, podemos afirmar que o ambiente cultural influencia a percepção; as preferências perceptuais resultantes levam as pessoas a produzirem ambientes diferentes, o que influencia a geração seguinte. Lembrando que toda e qualquer manifestação de registro histórico e escrita carrega consigo uma estética.

Nesse sentido, faze-se importante a visão de Peirce que afirma: "o universo inteiro está permeado de signos, se é que ele não seja composto exclusivamente de signos" (CP 5.448, n.1)[5]. Essa colocação nos leva a pensar que o design se encontra como o elemento de ligação entre a semiótica, a fenomenologia e a metafísica, reunindo matéria e significado num processo sem fim, resignificando conceitos, camada sobre camada, da nossa origem biogeográfica e todas as sobreposições culturais decorrentes.

Então onde estaria um corte que aponte para a linguagem do design? Esse corte só existe sob a luz da história e de todas as conjunturas que permitiram que tal manifestação florescesse. O designer talvez tenha adquirido a capacidade, perdida lá trás, de entender o mundo como um *continuum*, formatando um *discurso*[6] *síntese* entre o mundo físico, o mundo imaginário e o mundo social, que é o extrato em que os indivíduos se inscrevem.

A análise do design pela via sintática destrincha os elementos de sua composição, sola signos e revela sua função poética. Para entender sua função conotativa[7] é preciso entender em qual ponto da malha cultural esse design se insere. Nesse sentido, o design se inscreve na esfera da cultura, porém estabelecendo uma intextualidade a bio-eco-antro-tecno-fisioesfera. Ou seja, uma visão ampliada do conceito de **semiosfera** formulado por Iuri Lótman (1922-1993) "em 1984 para designar o habitat e a vida dos signos no universo cultural."[8]

Na visão mais contemporânea que elimina as diferenças entre transmissão e transformação dos sistemas culturais, o novo conceito potencializa os sistemas de signos e abre espaço para discutir suas inter-relações, apresentando uma malha de significados ou uma semiose que não se limita ao campo das ideias, o ambiente é também responsável pela nossa percepção.

Talvez o nosso erro tenha sido sempre categorizar o design por seus aspectos formais, limitando seu papel no campo da estética ou fazendo uma análise limitada ao seu suporte. As suas relações dentro do

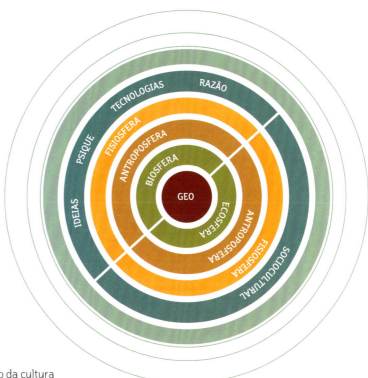

fluxo da cultura estão numa fase embrionária de serem consideradas. Então, a proposta é um novo estudo do design, se é que isso é possível, dentro do conceito da **semiosfera**, numa circularidade do conhecimento que se baseia em entender o mundo e significá-lo frente aos avanços tecnológicos que nunca terão fim frente à velocidade e à instantaneidade dos meios de comunic ação. Cabe ao designer o papel de continuar pontuando e significando o mundo como registro da cultura e da evolução humana. Só é possível pensar o design como uma corda ou alça que se insere nas camadas de processamento do mundo. É papel do design revelar e mediar o entrelaçamento e as tangências de grupos sociais, a cada momento da história.

O gráfico acima é uma forma de apresentar o conceito de **semiosfera**, e demonstrar que o design pode se colocar em qualquer ponto sem perder a noção do todo. Só há design quando enxergamos o sistema, essa talvez seja a separação entre o leigo e o profissional. O leigo só vê o objeto, o designer enxerga suas relações e faz a mediação com a cultura.

A Trajetória Simbólica e Cultural | 21

O porquê da revisão de categorias

Descrita essa minha preocupação com o papel simbólico da comunicação, não caberia aqui um recorte do design gráfico pelos suportes tradicionais. Não é possível pensar a linguagem pelo lado puramente físico de representação, como livro, CD, site, marca, embalagem, tipografia etc. Os processos de comunicação são complexos. Cada vez mais, é solicitada ao designer uma ação projetual que relacione vários estratos da **semiosfera,** sofisticando seu campo de ação e o afastando da circunscrição puramente estética. Podemos e devemos analisar as forma como lidamos com os processos em diferentes contextos. Dependendo do ponto em que o designer se inscreve, um arcabouço de valores e prioridades veem à tona. Portanto, essa não pretende ser uma nova classificação ou categorização, muito menos definitiva, do design gráfico, mas, sim, a forma como eu vejo as articulações que estão presentes no cenário brasileiro contemporâneo.

Design propulsor da economia

Basicamente, o design gráfico deve atender às necessidades de mercado, solicitações do marketing e até, de certa forma, exercer persuasão sobre o consumidor. Aqui se exige um conhecimento de outras áreas e, principalmente, um olhar atento, investigativo, sobre o comportamento dos consumidores e suas expectativas em relação a produtos e serviços. Muitas vezes, é necessário um reposicionamento da mensagem, dos códigos e até do próprio produto. É uma área em que o design só tem êxito se incluir os saberes da economia e da etnografia, fazendo a mediação entre "quem quer vender" e "quem quer comprar". Só pode haver design se houver comunicação e, nesse caso, resultados que justifiquem o investimento feito. O design dispõe de ferramentas que comprovem seu papel na economia ou sabe como mensurar os resultados de suas estratégias? Provavelmente, pela formação acadêmica somente, não. É uma construção de conhecimento que leva anos e solicita a inserção em outras ciências, o que dará subsídios para apresentar projetos consistentes antevendo resultados, com metodologias pré-definidas de mensuração. Portanto, analisar o design como um impulsor da economia é algo imprescindível para todos os envolvidos nos negócios e no design.

Design, meio ambiente e sustentabilidade

Além da responsabilidade e do seu papel cultural e social, a análise do impacto ambiental do design gráfico, devido aos processos de produção, nunca foi tão acirrada e eminente. Dependendo da esfera de comunicação e das ações sociais em que o designer gráfico atua, essa passou a ser a tônica de muitos projetos, gerando uma nova série de códigos visuais. Todavia, nem sempre os projetos cumprem o papel de sustentabilidade. De que forma o design pode ser sustentável? O que faz de um projeto ser eco-design? Certamente um projeto eco-design não se caracteriza somente pelo uso de papel reciclado; há que se pensar na real necessidade de se produzir toneladas de impressos. Deve-se considerar o grau e a duração de certas mensagens e a solução pode ser, até mesmo, a opção por não fazer.

Sustentabilidade envolve um pensamento macro da economia, mensurando não só o ciclo de vida dos materiais, mas o gasto de energia, água e combustível envolvidos na cadeia de produção, distribuição e reprocessamento, além dos impactos na população relacionada nesse percurso. Novamente, falamos em sistemas.

Design e memória

Como já descrito anteriormente, o design tem o papel de gerar códigos culturais e os símbolos que fazem parte do registro histórico ao longo do tempo. Só a diagramação de um livro ou documento faria esse papel? Ou é necessário que o designer entenda a articulação e faça, de certa forma, a edição de fatos e entenda o impacto no imaginário das pessoas. Como se processa memória? Cabe a ele a reunião e edição de conteúdos históricos? Creio que, ao determinar hierarquias de leituras e ordenar informações, ou quando selecionamos imagens, estamos trabalhando com o repertório simbólico de uma época. Lembramos das coisas que nos emocionaram de alguma maneira. Para trabalhar com esse universo, é necessário ter liberdade de conhecer outros repertórios com "olhos de criança" — como um antropólogo ou arqueólogo frente ao seu objeto raríssimo. Aqui resvalamos com a história das pessoas, suas emoções e afetos.

Popular, regional e vernacular

Não se avalia design somente usando o "design elitizado" ou consagrado. Nosso repertório visual e cultural é permeado por várias manifestações populares, inscrições nas ruas, registros informais, festas regionais, e uma soma de objetos cotidianos e costumes que nos fazem perceber como parte integrante de uma comunidade, de um lugar e de um momento no tempo. Usar elementos do folclore sem um sistema ou uma estratégia de comunicação transformará esses elementos em mera decoração. Não caberia ao designer usar esses códigos para tornar a comunicação mais efetiva para determinado grupo?

Design e interfaces audiovisuais

E quanto à existência de uma fronteira clara para o design gráfico, como a maioria dos cursos de graduação espalhados pelo Brasil oferecem, é possível pensar num design, cujo objetivo é a facilitação e a melhoria ao acesso a informação, dividido em design gráfico, design de informação e design de interfaces? O design gráfico está inserido nos aspectos comunicativos das mídias? A evolução do design gráfico é o abandono dos suportes físicos? As questões de tempo, ritmo, velocidade e sequência são solicitações novas, ou são enfrentadas desde que o cinema apresentou sua primeira projeção?

Poéticas Visuais

É consenso para outras profissões que o design gráfico é responsável pela "cara" da mensagem. Na questão que envolve sensibilidade plástica, muitas vezes o designer faz tangência com o universo da arte, e não se coloca somente como agente "embelezador" da mensagem, mas, sim, explora os aspectos estéticos para resgatar uma série de valores culturais. Projetos de determinados segmentos do mercado requerem esse resgate e esse tipo de apropriação é bem-vinda. Somente profissionais que desenvolvem uma linguagem e expressão próprias, estão habilitados a realizá-la. Caso contrário, é visível a tendência de copiar soluções consagradas ou fórmulas gráficas. O que transforma uma imagem em poesia? Não terá o design, na poética, um papel estratégico de comunicação?

Comunicação sintética

A história está permeada por símbolos. Todos são vitais para o reconhecimento de grupos e fatos, e são a chave de acesso a universos dos mais variados. A transformação de mensagens complexas em imagens sintéticas é o grande pano de fundo para toda essa discussão e, por que não, para o próprio design gráfico. Não se trata de forma ou estilo, mas, sim, da concisão da mensagem. Trata-se de transformar o caldo cultural em elementos visuais que o conotam. De fazer um desenho suplantar várias narrativas. O que faz um símbolo se tornar signo de uma cultura? Por que um signo é mais memorável que outro? A questão-chave discute, numa mesma forma ou símbolo, o quanto o design e o desenho estão envolvidos na solução.

Fluxos

Outro aspecto importante é a orientação de pessoas, deixando de lado a classificação tradicional pelos suportes como sinalização. Muitos entendem que sinalizar é colocar uma placa apontando uma direção ou indicando uma ação. Num mundo em que as interfaces digitais se mesclam com o mundo físico e demanda e oferta de informações são absurdas, compete ao design um pensamento sistêmico que atue na camada sociocultural, levando em consideração a percepção/cognição, razão e tecnologias. Deve haver um raciocínio de fluxos, não só das pessoas no espaço, mas, sim, da sua interação com as informações disponíveis naquele contexto ou em determinado fluxo de tempo. Como o designer incorpora essa questão a projetos de naturezas diferentes?

Manifesto

Por último, fazendo a mediação com a própria história e origem do design gráfico, a sua atuação política e social, de forma voluntária, não poderia ser esquecida. Os clássicos cartazes, muitas vezes, são os únicos cenários de momentos de nossa história. Portanto, nessa investigação, abriu-se o espaço para os designers apresentarem sua visão da cultura e se manifestarem na linguagem dos cartazes. Afinal, a história é um processo contínuo e as camadas da **semiosfera** podem vir à tona em momentos diferentes, enfatizando a circularidade do conhecimento. Essa mídia é o próprio símbolo da atividade, e que persiste pela paixão de se fazer.

A edição dos projetos a escolha de autores curadores

O recorte proposto não pretende apresentar respostas definitivas . Usando parte da produção brasileira, por meio de uma seleção exaustiva, entre 1.240 projetos recebidos, visamos apresentar uma **anatomia do design** gráfico brasileiro, promovendo uma dissecação dos elementos articulados em determinadas linguagens. Esse seria um cenário que apresenta as articulações contemporâneas do design gráfico, seus enfrentamentos cotidianos e sua capacidade de gerar sistemas comunicativos por meio de simbologias.

Para discutir cada uma das categorias de análise, foram convidados designers gráficos atuantes no mercado, com exceção de um historiador no grupo. Todos possuem também uma sólida bagagem teórica e comprometimento com a pesquisa. Cada um foi escolhido por sua dedicação e elaboração em relação ao tema. Não se propõe aqui uma visão teórica sobre a prática, mas, sim, a busca de um entendimento da prática frente à história e aos novos desafios impostos aos profissionais.

Cada curador, a seu modo, debruçou seu olhar sobre a produção brasileira do período de dezembro de 2005 a novembro de 2008, pretendendo ampliar e aprofundar a questão do design gráfico como um **complexo sistema cultural.**

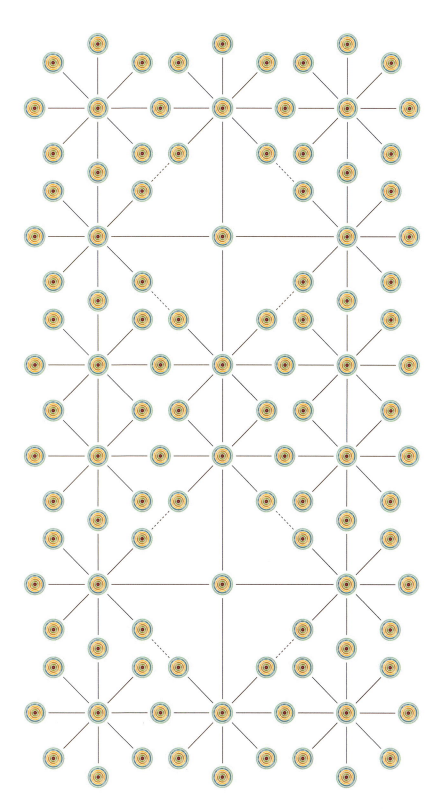

A Trajetória Simbólica e Cultural | 25

DESIGN PROPULSOR DA ECONOMIA

2

João de Souza Leite

CAPÍTULO 2

Design Propulsor da Economia
Enfim, a realidade como campo de ação

João de Souza Leite

1. *No ciclo de industrialização dos anos 1950, ao Estado, coube à infraestrutura e ao capital estrangeiro a produção de bens duráveis de consumo, portanto, o desenho de um padrão de vida e de desenvolvimento institucionalizado em outro lugar. Por essa razão, a inversão de capital estrangeiro significou o estabelecimento no Brasil de tecnologias compatíveis com escalas de consumo que pressupunham um outro percurso social, cultural e econômico, que não condiziam com características da nossa formação social. Esse padrão tecnológico concentrou a produção de bens duráveis e de bens intermediários, constituindo-se no vetor dinâmico da nossa economia, deixando de lado enormes contingentes populacionais, apartados tanto do grande sistema da produção quanto do consumo.*

A relação entre design e economia nunca foi algo muito fácil entre nós, designers brasileiros, e sequer muito bem compreendido por nós mesmos.

Desde o início das considerações sobre a implantação do ensino do design moderno no Brasil, ficamos reféns de elaborações conceitualmente contrárias à ideia de um design associado à atividade empresarial, como sua parceira. Preferimos nos manter ao largo, em certa posição destacada, aparentemente sabedores daquilo que deveria ou não ser feito. Abdicamos assim, continuadamente, a um possível intercâmbio de ideias e pensamento, mantendo-nos distanciados, prontos, a qualquer momento, para iniciarmos profundas lamentações a respeito do quanto somos incompreendidos.

As ideias que consolidaram o design moderno no Brasil no decorrer dos anos 1960, apesar das relações políticas e econômicas mantidas à época com os Estados Unidos, desenvolveram-se a partir do mundo da prática de certo tipo de arte, descompromissadas com a sua validação econômico-financeira, e de um ideário de origem europeia que privilegiava uma noção pré-estabelecida da cultura econômica, desconsiderando a realidade sobre a qual deveria operar, exaltando uma utopia.

Sobre a primeira afirmativa, uma das atividades a servir de sustentação ao advento do ensino do design no Brasil foi o Concretismo, a partir da exposição de 1952 do grupo paulista Ruptura, liderado por Waldemar Cordeiro, que, por mais de uma vez, pronunciou-se a respeito da não-participação dos concretistas no circuito de comercialização das artes. Todos eles, no entanto, dedicavam-se maciçamente ao emprego de suas ideias comuns a atividades de elaboração de projetos, fossem eles cartazes, capas de livros ou revistas, ou jardins tratados como peças pictóricas. Portanto, estendiam efetivamente a sua proposta artística ao âmbito da vida social. Como deveria ser, aliás, de acordo com ideias já professadas desde o Construtivismo russo e holandês.

A segunda afirmativa se deve à tradição mais complexa, e mais longínqua no tempo, uma vez que persistente desde a formação da nossa sociedade patrimonialista. Como nos indica Gilberto Freyre, a educação neste país sempre desconsiderou, ou dispôs em patamar secundário, qualquer tipo de conhecimento prático. Interessava a cultura, a Cultura com letra maiúscula, a cultura culta, aquela defasada das práticas do cotidiano envolvidas com os fazeres necessários à preservação da vida em todas as suas instâncias.

Quando a visão suíço-alemã de design se estabeleceu no Brasil, por meio da criação da sequência de disciplinas no curso de arquitetura da Faculdade de Arquitetura e Urbanismo da Universidade de São Paulo (FAU/USP) e da criação da Escola Superior de Desenho Industrial (ESDI) no Rio de Janeiro, nenhuma demanda específica originada na economia real exigia aquele quadro profissional de formação especializada.[1] E aqui se deu a continuidade, paradoxal, própria do modelo parcialmente importado da Hochschule für Gestaltung, da cidade de Ulm, Alemanha, da abordagem pedagógica que privilegiava a ideia de projeto em detrimento do ensino dedicado a qualquer fazer específico — razão histórica da inexistência de uma boa educação tipográfica na grande maioria dos cursos de design gráfico espalhados pelo país.

Essa concepção encontrou aqui o lugar ideal para não ter de se comprometer diretamente com os fazeres, já que postulava o lugar do pensamento. Portanto, por curiosa coincidência, duas naturezas de elite se encontraram. Uma intelectual, de origem europeia, fortemente ideológica por propor uma estrutura ideal de sociedade, elaborada a partir de uma utopia, de certo modo, revolucionária, e a elite patrimonialista brasileira, sempre tão avessa ao trabalho, que utilizava o ócio como símbolo de seu estatuto social — o trabalho real totalmente discriminado como sendo próprio de outras classes sociais.

O Concretismo paulista, entretanto, reforçou um outro tipo de *métier*, embora negasse que o estivesse fazendo, estabelecendo como *modus operandi* o desenvolvimento de variações de um determinado tipo de forma, sempre pela via da geometria regular. Desse modo, nenhum valor em especial era conferido à essência daquilo que não poderia ter forma pré-estabelecida, por se entender, antes de mais nada, como estrutura e projeto. Caso a tônica concretista se desse sobre o entendimento dessa natureza própria do projeto, este sim passível de rebatimento sobre a produção dos múltiplos artefatos e objetos que compõem o cotidiano da vida social, sua produção de teoria deveria enfatizar o processo construtivo e os meios de estabelecê-lo. Ao inverso, estabeleceu-se no jogo da linguagem, transitando com o mesmo padrão de solução entre suas experiências no campo específico das artes e no campo da materialidade da cultura, fossem quais fossem seus objetos de projeto. Paradoxal, não?

Afinal, o design suíço-alemão derivava de uma visão consistentemente bem edificada, debitária do pensamento construtivista, segundo o qual uma única linguagem formal bastaria para atender às necessidades estéticas e de informação visual em uma dada sociedade. Propositor de inegáveis valores que vieram a se incorporar à clássica tradição modernista, não foi um equívoco, nem pensar nisso. Até mesmo porque, lá em seu tempo e território de origem, é possível observar-se sua constante evolução em direção a novos patamares. Equívoco foi a implantação de um modelo que desconsiderou por completo as bases econômicas e sociais das atividades fabris encontradas no território brasileiro. Tomando por base as suas próprias ideias sobre uma sociedade desejável, o design brasileiro cultivou, durante muito tempo, a utopia, de certo modo desqualificando o real, não utilizando-o como a área de atuação sobre a qual caberia dirigir esforços naquele sentido utópico. Assim, resta o reclamo do eterno descaso em relação ao design. A utopia nos deveria ter servido de farol, não para nos impedir a ação direta sobre a realidade.

Desse modo, o design brasileiro, por muitos anos, alimentou um divórcio entre sua prática e o sistema efetivo das trocas ocorridas na chamada economia real, para utilizarmos uma nomenclatura razoavelmente em voga.

Assim, em síntese, convergindo com certa tradição política e intelectual brasileira, houve no campo do design —o que ainda, por vezes, ocorre— uma constante aversão ao trabalho efetivo sobre a realidade, na perspectiva da sua transformação incremental.[2] Para tanto, contribuíram essas duas tradições modelares. A brasileira, do trabalho visto como experiência dissociada da Cultura, e a tradição da negação ao *métier*, que serviu de modelo ao ensino de design no país, ainda hoje repercutindo em currículos e práticas pedagógicas adotadas, ainda que dela possam diferir na forma.

Todo esse tipo de entendimento e posicionamento diante da realidade remete a certo modo de lidar com a utopia, que dificulta a formação de um espírito crítico.[3] Por outro lado, também se deu uma intensa negação ao chamado pragmatismo americano, cunhado na passagem do século XIX para o XX, por um grupo de intelectuais brilhantes que deixaram sua marca não só na cultura americana como no cenário internacional, em inúmeras frentes, sobretudo no campo da educação. Enfrentar dados reais de um problema significa se defrontar com o Outro, significa observar o Outro, exercitar a crítica, saber dimensionar diferenças e operar no terreno do possível. Como lembrava, nos anos 1970, Theo Crosby, um dos fundadores da Pentagram, não se justifica atribuir a um cliente a possível não-realização de determinado projeto segundo os desejos de um designer.

Hoje, o âmbito da ação

As habilidades hoje solicitadas ao designer transcendem o que se convencionou como seu habitual universo. Por exemplo, há quem diga que se fazendo design, faz-se branding. Profundo desconhecimento aí se revela.

Nessa questão, não estamos nem no terreno estrito da forma, nem somente no da representação simbólica. Em passado hoje distante, um programa de identidade visual justificava as qualidades da ordenação dos elementos visuais de uma empresa e a racionalidade contida nessa operação como sendo o espelho do gerenciamento dessa mesma empresa, portanto, refletindo, em um processo natural de dedução, a sua qualidade genérica. Acreditava-se, nesse processo conduzido de fora para dentro, que a imagem empresarial seria o fruto de uma análise conduzida pelo designer,

---

2. Nessa medida, entre nós, o design se constituiu em atividade de elite, quando poderia ter se orientado a investigar as maneiras mais usuais de produção, independentemente do porte da indústria e mesmo do grau de mecanização adotado, visando uma operação concreta sobre os processos de produção. De certo modo, assim se poderia valorizar a mão de obra disponível.

3. O sociólogo húngaro Karl Mannheim (1893-1947) observa que "a não-consideração dos elementos qualitativos e da contenção total da vontade não constitui objetividade, mas, ao invés disso, é a negação da qualidade essencial do objeto". Em seu entendimento, fazer-se adulto implica não mais se submeter ao domínio absoluto dos sentimentos e seus reflexos, mas incorporar, de modo objetivo, as propriedades da crítica. Implica conquistar maior objetividade no pensar. Argumentava ser possível, na dinâmica própria do comportamento intelectual, atingir outro patamar de objetividade, desde que colocados em pauta os problemas da ideologia e da utopia, e que certo relativismo e ceticismo fossem operados positivamente, como função catalisadora da consciência crítica.

embasada em teorias da forma. A sua posterior sistematização lhe garantia certa lógica interna que, por fim, caracterizava o que efetivamente era compreendido como a ação de design.

Hoje, no entanto, novas perspectivas se agregam. Integramos um processo infinitamente mais complexo. Nossas habilidades se encontram espalhadas em um ambiente de multiespecializações, tanto por parte do cliente como por parte do designer. Em que medida decisões no campo da gestão de uma empresa não são balizadas por decisões quanto ao gerenciamento da sua marca? Em que medida certas decisões na gestão de marca, portanto do branding, não se fundem com outras que traduzem a verdadeira natureza de uma empresa, e dizem respeito à relação com seus colaboradores e com os consumidores de seus produtos ou serviços, portanto sujeitas à avaliação por métodos etnográficos?

Questões relativas ao entendimento do mundo dos negócios, da mecânica das trocas comerciais e dos valores envolvidos na sociedade, passaram a integrar o universo de conhecimento, lado a lado com suas antigas atribuições de conceituar a forma, ao qual o designer não pode mais abdicar. Caso seja nossa aspiração participar de processos de decisão em todas as instâncias —e isso não é exatamente algo a se decidir sobre, é algo que se impõe—; caso os designers possam acreditar que ua função não é simplesmente dar forma ou representar significados, mas participar efetivamente, lado a lado com profissionais de outras áreas, o conhecimento a ser elaborado passa a ser outro, infinitamente mais complexo. No entanto, diante da nova realidade que se impõe, não basta enunciar a interdisciplinaridade como a qualidade intrínseca desse conhecimento ampliado. Em outros momentos, esse enunciado só serviu para inchar os currículos da formação universitária, sequer tocando efetivamente no que realmente importa. E o que importa, certamente, é o enfrentamento objetivo, não dissimulado, ao quadro dos interesses que cercam um projeto. Sejam por parte do designer ou por parte do contratante. Um projeto qualquer de comunicação coloca em cena um vasto complexo que diferentes vozes – do cliente, da categoria de projeto, do usuário, do designer, do estado-da-arte da linguagem gráfica e das tecnologias de projeto e de produção – todas elas representantes de interesses diversos.

Do mundo dos interesses não existe externalidade, um lado de fora. O interesse, já no século XVI, Thomas Hobbes o indicava, assim como Alexis de Tocqueville no século XIX, ou Albert Hirschman no século XX, é elemento constante nas relações humanas. Não há porque encará-lo como expressão desviante do ser humano. O interesse nos é intrínseco e, de certo modo, encontra sua melhor expressão política na democracia, que incorpora o debate e o enfrentamento entre interesses conflitantes como seu instrumento vital. Portanto, o que importa diz respeito ao entendimento do que está em questão, a todo momento, nas situações dos problemas e projetos sobre os quais nos debruçamos. Trata-se de colocar sob a luz, ou iluminar essas questões, em vez de fazermos olhos ou ouvidos que não se interessam.

Há que se superar aquele tipo de ideia que comumente colocou em campos opostos a atividade das trocas comerciais e a atividade do design. E àqueles que somente encontram justificativa de seu trabalho nos grandes espaços de sistematização, ou seja, no grande mundo corporativo, é necessário indicar sua precária apreciação da dinâmica social brasileira, não percebendo que assim agem por estarem condicionados àquela visão dos anos 1960, que associava o processo do design somente à grande indústria. Hoje, o empreendedor percebe a necessidade e reconhece a qualidade do trabalho em design. O cenário mudou, há que se mudar os designers. Nessa medida, não é o grande mundo corporativo que se situa do outro lado do balcão, mas o do negócio em todas as dimensões ou formatos, ou mesmo do empreendimento que ainda não está, mas que virá a ser.

Naturalmente, há sempre a necessidade de se impor alguma limitação à arrogância do mundo dos negócios. Mas certamente essa limitação não virá a ser imposta pela também arrogância de designers, mas, sim, pelo conhecimento efetivo. Pelo conhecimento que nos possibilite observar o mundo dos comuns, auxiliando-nos a conformar uma atividade em direção à mudança de patamar na qualidade média da produção de design no Brasil.

Hoje, as competências e habilidades

O conjunto de projetos aqui reproduzidos sob o tema "Design propulsor da economia" é, sobretudo, uma demonstração ampla de como o cenário da produção brasileira vem atendendo a um leque extraordinário de situações econômicas. Nesse cenário, cabe perguntar: Quais as competências, qual o vocabulário, quais as habilidades exigidas para o designer hoje? Não se trata, de modo algum, de resgatar a vaga noção de interdisciplinaridade, tão decantada ao longo dos anos 1980, armadilha em que até mesmo o designer Aloisio Magalhães caiu, ao afirmar, em certo momento, algo sobre a falta de conhecimento próprio do design.

Certamente, ainda manipulamos, de modo quase pueril, certas noções mais graves do campo da gestão financeiro-econômica e da avaliação sociológica e antropológica dos públicos. Ainda nos falta muito a caminhar em direção aos enlaces que os designers devam realizar com outros campos de conhecimento, seja internalizando conhecimentos de outras áreas e se habilitando ao seu exercício, seja reconhecendo a necessidade de maior diálogo com profissionais de outros saberes.

Essa coleção de projetos nos indica como designers brasileiros vêm posicionando sua atividade diante de problemas da mais variada complexidade, não abdicando daquilo que sempre os caracterizou: o jogo da linguagem gráfica, com todos os seus patamares de representação simbólica. São projetos que atendem do mercado internacional à doceira do bairro, da necessária informação pública de agências reguladoras e das maiores empresas do país, da produção em massa de grupos multinacionais à produção artesanal de pequeníssimas indústrias.

Ainda assim, qual o seu *core*? Qual a atribuição irredutível do design?

Não será o enfrentamento contínuo a questões em que se articulam sensibilidade e razão, capacidade emotiva e racionalidade, equacionamento do real e conceituação do qualitativo? Não será por aí que se encerra o canal central da atividade, sempre associada à ideia de um Outro, ou seja, de que o trabalho em si remete a uma corrente de interesses totalmente legítimos que envolvem a produção, o consumo e o trabalho, atendendo tanto a necessidades como ao prazer?

ACTIVIA
PEDAÇOS DE FRUTAS

autoria: *A10 Design* **01**

equipe: *Direção de criação: Alex Sugai e Margot Takeda; Design: Marcelo Araújo, Luciana Ruffo, Rodrigo Brandão; Gerente de conta: Isabella Ferreira | A10 Design*

cliente: *Danone*

DANETE MIX

autoria: *A10 Design* **02**

equipe: *Direção de criação: Margot Takeda; Design: Maria Lino; Gerente de conta: Isabella Ferreira*

cliente: *Danone*

Produtos com elevado grau de competição na sua exposição para o mercado, os dois projetos apresentam uma articulação entre os elementos, por vezes até excessivos, como no caso de Activia, que revela grande destreza na elaboração da linguagem usual a esse tipo de mercadoria. Com a transformação do conjunto das unidades em um todo gráfico e a adoção de estrutura cromática pouco usual ao segmento, os dois produtos ganham maior visibilidade, ainda que seja preservada a identidade parcial de cada unidade. Em ambos, a tipografia especialmente desenhada se integrada à ilustração, contribuindo para a eficácia do seu poder de comunicação.

Design propulsor da Economia

ELEGANT NUTS

03 autoria: *Gustavo Piqueira e Marco Aurélio Kato | Rex Design*

cliente: *Spilfoods*

A opção do projeto pelo fundo branco, com a etiqueta que se compõe cromaticamente com a imagem da castanha, e todas as decisões tipográficas —ressalte-se o rigoroso contraste entre a tipografia cursiva e a tipografia de apoio— contribuem para uma destacada caracterização do produto dentre seus concorrentes. Aqui, o enfrentamento da questão da identidade se evidencia claramente, por meio da associação direta entre o nome e as decisões de projeto.

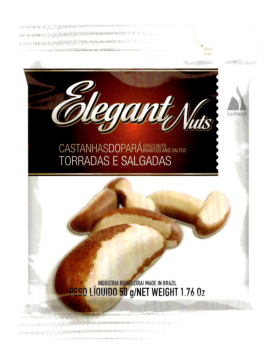

LINHA DE EMBALAGENS DOVE ADVANCED THERAPY

04 autoria: *Gustavo Piqueira e Marco Aurélio Kato | Rex Design*

cliente: *Unilever Latin America*

O projeto demonstra a relação entre os elementos gráficos, as características dos materiais e acabamentos e o posicionamento dessa linha de produtos. A discreta relação entre as decisões tipográficas e o campo da embalagem, em torno de um eixo de simetria, ainda que o texto se alinhe à esquerda, enfatiza a sofisticação almejada para o produto. Após o lançamento no Brasil, o projeto foi replicado em uma dezena de países.

Anatomia do Design

DISPLAY DE GÔNDOLA ABSOLUT APEACH

autoria: *Fernanda Galindo e Tatiana Andrino | POP Marketing*   05

cliente: *Absolut*

Case internacional de design gráfico, as múltiplas formas de representação da garrafa da Absolut configuram excepcional estratégia de associação do desenho do frasco à sua marca. Esse display reitera essa abordagem, ao evidenciar a garrafa em associação a elementos gráficos que remetem ao sabor anunciado. Ser facilmente desmontável para facilitar a ação da promoção foi somente um problema a mais.

EMBALAGEM CHOCOLATE AO LEITE NESTLÉ

autoria: *César Hirata*   06

equipe: *FutureBrand BC&H*

cliente: *Nestlé*

Conjunto de embalagens sazonais, para a Páscoa, que se vale da significativa herança da Nestlé, que se expressa visualmente e sustenta sua tradição ao longo de tantas décadas de existência. As latas, que reproduzem a forma de leiteiras suíças, e imagens resgatadas de antigos anúncios e cartazes auxiliam a configurar o clima de nostalgia e a ativar elos de afetividade como modo de capturar a atenção e provocar o desejo do consumidor.

LINHAS DE TABLETES LACTA

07 autoria: *Mário Narita e equipe Narita Design*

cliente: *Kraft Foods do Brasil*

O projeto parece obedecer à recomendação de um designer americano dos anos 1960: na dúvida, faça grande. Revelando uma atitude incremental em relação à visualidade dos produtos, o projeto representa um novo modo de operar com a linguagem no sentido de incorporar novidade, ainda que se mantenham os mesmos. Ou seja, com o novo tratamento visual, a tradição foi mantida e resgatou-se sua posição no mercado.

TANG

08 autoria: *Mário Narita e equipe Narita Design*

cliente: *Kraft Foods do Brasil*

Concisão e clareza de informação não são atributos exclusivos do estilo internacional dos anos 1960, quando a disposição tipográfica ortogonal e assimétrica e as famílias tipográficas sem serifa imperavam. Muitos são os modos de se dispor informação de modo preciso, ainda que se considere a sua capacidade de atrair atenção. Nesse sentido, essas embalagens podem ser consideradas exemplos eficazes.

RÓTULOS VITTALEV

autoria: *Marcos Minini / Master Promo*

equipe: *Direção de design: Marcos Minini; Design: Marcos Minini e Renan Molin*

cliente: *Vittalev*

Partindo do pressuposto, confirmado por pesquisas, de que um possível aumento de sua base de clientes devia ser realizado pela revitalização de suas embalagens, o projeto se concentrou na modificação dos rótulos e das tampas, evitando novos moldes para a injeção dos frascos. Desse modo, conquistou-se maior e melhor visibilidade.

RUSH

10 autoria: *Gustavo Piqueira e Marco Aurélio Kato | Rex Design*

cliente: *Spilfoods*

Toda categoria de produto possui características comuns de linguagem visual. Cabe ao designer estabelecer o equilíbrio adequado do quanto se afastar da média dessa linguagem, de modo a garantir sua identidade e, paralelamente, permitir seu pertencimento àquela categoria. A adoção de ilustrações que remetem ao universo teen —como traços do cartoon contemporâneo e de grafites—, conjugadas ao colorido habitual desse tipo de produto, destaca o projeto.

LINHA GOURMET

11 autoria: *Alessandra Soares | Hardy Design*

equipe: *Direção de design: Alessandra Soares; Design: Lucas Costa, Renata Ribeiro, Ricardo Donato; Diretora de planejamentos: Cynthia Massote; Gerente de projeto: Mara Elisa Rocha; Produção gráfica: Bete Oliveira*

cliente: *Solarius Orgânicos*

Elaborado para empresa atuante no segmento de produtos orgânicos, o projeto dessas embalagens marcou sua entrada em nova segmentação, a dos produtos gourmet. Cada linha é caracterizada por meio da variação de cor nos logotipos, enquanto a ilustração em aquarela enfatiza o aspecto natural da produção. O trabalho demonstra o alcance do design em relação à diversidade de porte das empresas.

BRANDING, REDESIGN DE MARCA E EMBALAGENS LEBON

autoria: *Ronald Kapaz e Giovanni Vannucchi | Oz Design*

equipe: *Direção de design: Ronald Kapaz e Giovanni Vannucchi; Design: Eduardo Stollagli e Luis Kono; Assistência: Mariana Oliveira, Rogério Marques e Paulo S. Gonçalves; Fotografia: Meca Studio*

cliente: *Doux*

Operação de adaptação e avanço institucional, essa reformulação de imagem e o projeto do conjunto de embalagens se vale de valores já identificados na marca original, enquanto articula graficamente novos elementos, o que possibilitou seu reposicionamento entre as empresas líderes que operam em seu segmento.

LINHA MATTE GRANEL E LINHA DE SAQUINHOS

13 equipe: *Direção de design: Santa Clara Nitro e WeDo Design Lab; Design: Carlos André Eyer, Leonardo Eyer e Leandro Santos; Assistência e finalização: Pedro Pinhal, Renata Crelier, Silvio Cunha e Sofia Costa Pinto*

cliente: *Matte Leão Santa Clara Nitro*

Como parte de um novo planejamento estratégico do cliente, em que a tradição da marca dialoga com sua renovação, o projeto dessas embalagens caminha sobre a tênue linha que separa a ação transformadora dos traços de uma herança visual consolidada no tempo, atendendo aos dois territórios.

IDENTIDADE VISUAL E EMBALAGENS SOLLYS

14 autoria: *César Hirata*

equipe: *FutureBrand BC&H*

cliente: *Nestlé*

Ao longo dos últimos anos, acentuou-se o nível da concorrência entre diferentes marcas de sucos oferecidas no mercado. Esse conjunto de embalagens de sucos à base de soja oferece oportunidade para se observar interessante jogo de linguagem. Embora presente como elemento visual, a representação das frutas não é o mais relevante, já que a base é soja, sendo reservada a ênfase gráfica à marca Sollys.

IDENTIDADE VISUAL E EMBALAGENS TAEQ

15

autoria: *Hélio Mariz de Carvalho e equipe FutureBrand BC&H*

cliente: *Grupo Pão de Açúcar*

Na categoria de marcas próprias de grandes grupos de distribuição, esse projeto se destaca. Desde a criação do nome ao desenvolvimento de embalagens para grande elenco de produtos, o projeto cumpre seu papel de maneira exemplar. A gama de cores, a tipografia e a escolha de ilustrações reiteram, a todo tempo, o frescor de uma "vida em equilíbrio", frase de posicionamento de toda a linha.

ABCDEFGHIJKLMNOPQRSTUVWXYZ
abcdefghijklmnopqrstuvwxyz_
1234567890-+=[{()}],.;:?!@$%&*'''

ABCDEFGHIJKLMNOPQRSTUVWXYZ
abcdefghijklmnopqrstuvwxyz_
1234567890-+=[{()}],.;:?!@$%&*'''

Onficieri perec iam escrunt raressi inarica mpotercesit orem publini ntursuamdii patum maion im forit vit. Consuli cavocat iliqua vere terbi pos, num voc ve, cere, sula ete, ute paturore no. Serions cerditanum habunti, mantemus, Catuam, omnonfex mantus pes fortam in ad paritussum inpro verte inatus, in Itam senihi, nost Cat.

Avere temervirit at fuidem quidem fora esuppl. Forberis con screi ego nossolicaet; nem habi perum hactam res halesimortum paritis, pericondacta dum ium rectua nondis habes conitum publiam.

Actum, niquam habefactam num sum fin vivis horei facciis nocripio, que ternumu rsulem comproptiam fortend erceror avertant? Ad menicientem, consulla iam ducem inam iur. Te forum sedemus, in imunum sa milii senihilla vaginatiem dis, niusa achuit.

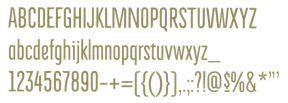

Dam anti, Cat, consupiocrem videmnirtia re nulesci deestroptium id capermaiora nondam occienirius.

Opio patus const omaio mei sid ius An ta nit derfen publis pario, non sedo, ut averis prae orit. Piocutus, avocavem is sulin derfiri bunium tem resse cortelica sto imovera Si ceporit idenducio, ninteres nost pris hocrenam, ut vir ublis foremenam Romnius.

Anatomia do Design

KUAT - FONTE TIPOGRAFICA E EMBALAGEM ZERO

autoria: *Leonardo Eyer | Caótica* 16

equipe: *Direção de arte: Leonardo Eyer; Design tipográfico: Chris Calvet, Marcos Leme e Tiago Schardong*

cliente: *Coca-Cola Brasil*

LATA KUAT ZERO

autoria: *Carlos André Eyer* 17

equipe: *Design: Carlos André Eyer; Assistência: Silvio Cunha; Finalização: Renata Crelier | Santa Clara Nitro*

cliente: *Coca-Cola Brasil*

Conduzidos por diferentes equipes, um dos projetos foi responsável pelo desenvolvimento de uma família tipográfica para caracterizar o produto e toda a sua comunicação visual, constituindo-se em patrimônio institucional. O segundo, responsável pela embalagem da versão de baixa caloria do refrigerante, incorporou o símbolo matemático de vazio à identidade visual e, redefinindo cores, acentuou a necessária diferença entre as versões do produto.

Design propulsor da Economia 43

REPOSICIONAMENTO DA MARCA ETTI

18 autoria: *Beto Almeida*

equipe: *Interbrand*

cliente: *Hypermarcas*

A longa permanência da marca no mercado, por mais de 50 anos, foi o principal desafio desse projeto. Como reposicionar toda a linha de produtos sem que se desacreditasse a qualidade mantida ao longo do tempo? Como tratar da percepção dessa antiguidade sem que houvesse tradição visual a ser resgatada? O projeto superou a questão e reconquistou visibilidade para o produto.

ONIRIC

autoria: *Mariana Hardy | Hardy Design e Voltz Design* 19

equipe: *Direção de design: Mariana Hardy; Design e ilustração: Simone Souza; Diretora de planejamento: Cynthia Massote; Gerente de projeto: Lívia Araújo*

cliente: *Água de Cheiro*

O projeto integra um processo de reposicionamento da empresa, com o objetivo de promover aproximação com o público jovem feminino.

ÉH COSMÉTICOS

autoria: *Beto Almeida* 20

equipe: *Interbrand*

cliente: *Éh Cosméticos*

Quando elaborado como sistema e sua produção conduzida com consistência em toda a sua extensão, um conjunto de embalagens auxilia, de modo decisivo, na sustentação de uma marca com tamanha diversificação de produtos.

Design propulsor da Economia | 45

EMBALAGENS
BEAUTY TEEN

21 autoria: *Quarter Group*

equipe: *Criação: Henrique Figueiro; Ilustração: Caio Borges; Produção gráfica e arte final: Rachel Simões; Aprovação: Roseli Vaz e Vera Vaz*

cliente: *Sparkkli Home Spa*

Nesse projeto, embora preservadas certas características de linguagem já conferidas a outros produtos da marca, por exemplo, a equilibrada estrutura tipográfica simétrica, o universo teen é retratado alegremente, sobretudo pela escolha das ilustrações e da escala cromática.

EMBALAGENS LET'S RELAX

autoria: *Glicério Rocha / Quarter Group*   22

cliente: *Sparkkli Home Spa*

EMBALAGENS BENEPHYTO

autoria: *Glicério Rocha / Quarter Group*   23

equipe: *Criação: Glicério Rocha; Ilustração: Carlos Sá; Produção gráfica e arte final: Rachel Simões; Aprovação: Roseli Vaz e Vera Vaz*

cliente: *Sparkkli Home Spa*

A jovem empresa optou pelo design gráfico como modo de assegurar sua presença no mercado. A utilização de frascos genéricos existentes e de impressão digital se associa ao partido gráfico adotado em ambos os projetos, nos quais é enfatizada uma natureza mais leve de produção, claramente relacionada a algo artesanal, mais cuidadoso, o que confere evidente diferenciação às linhas de produtos.

Design propulsor da Economia   47

LINHA NATIVA SPA

24 autoria: *Lumen Design*

equipe: *Silvio Silva Junior, Guido Lautert Dezordi, Karine Mitsue Kawamura*

cliente: *O Boticário*

O projeto unificou produtos anteriormente existentes sob um conceito comum – SPA, no caso, "saúde pela água". O conjunto tem sua unidade garantida pelo formato da tampa e pelos materiais que possibilitam a visão das texturas e coloridos da substância própria dos produtos, e a solução tipográfica lhe confere identidade e também se faz transparente. Essa integridade projetiva alcançou visibilidade internacional.

Anatomia do Design

DETERGENTE LÍQUIDO VIKING

autoria: *Quarter Group* 25

equipe: *Criação: Henrique Figueiro; Produção gráfica e arte final: Renato Aota; Ilustração: Célia Kofuji; Aprovação: Guilherme Razzo e Tathiana H. Souza*

cliente: *Razzo*

A inovação da válvula não é o principal atributo de qualidade do projeto. Esta se encontra nas decisões relativas ao desenho do frasco e no projeto gráfico do rótulo, que revela grande habilidade no manejo de elementos usuais a esse tipo de produto, como a tipografia com volume e bolhas. No entanto, o que lhe garante identidade inquestionável é a personalização do símbolo Viking, sobretudo ao se considerar a natureza do público, geralmente feminino.

Design propulsor da Economia 49

DIRT IS GOOD — EMBALAGENS DE SABÃO EM PÓ PARA AMÉRICA LATINA

26 autoria: *Gustavo Piqueira e Marco Aurélio Kato | Rex Design*

equipe: *Dez membros: direção de design, design, assistência, ilustração, fotografia, acabamentos etc.*

cliente: *Unilever Latin America*

Casos como esse demonstram o valor econômico de um projeto de design gráfico. Sessenta versões de embalagens para diferentes países, estruturadas em torno de um único sistema gráfico, compõem o escopo do projeto. Logotipos se sucedem, de acordo com as marcas locais, alternando o uso de caixa alta ou baixa. Imagens se repetem, assim como a gama de cores, e a identidade é reiterada.

Anatomia do Design

Design propulsor da Economia   51

NIRAMEKKO
CARTÃO DE VISITAS

27 autoria: *Rodrigo Saiani | Niramekko*

equipe: *Design: Gustavo Saiani, Rodrigo Saiani*

cliente: *Niramekko*

Por mais simples que seja uma peça a ser desenhada, há sempre espaço para o humor, como estratégia de comunicação, e para a demonstração das habilidades do jogo com a linguagem gráfica, reveladas aqui pela ilustração associada ao desenho de uma família tipográfica.

OS 16 HOMENS VALENTES

28 autoria: *Ricardo Leite | Crama Design Estratégico*

equipe: *Direção de design: Ricardo Leite; Texto: Erik Philipp; Design: Vitor Araripe e Thamya Rocha; Ilustração: Patrícia Lima; Atendimento: Luciara Rocha Gomes*

cliente: *Oi telefonia*

Ferramenta de sustentação da cultura corporativa, a publicação dirige-se aos filhos dos colaboradores da empresa e visa seu envolvimento em parte dos significados do mundo adulto. Produto da comunicação contemporânea, por tratar do público interno como estratégia de gestão. No projeto, torna-se impossível separar conceito de solução, o projeto gráfico da ilustração que comanda toda a linguagem.

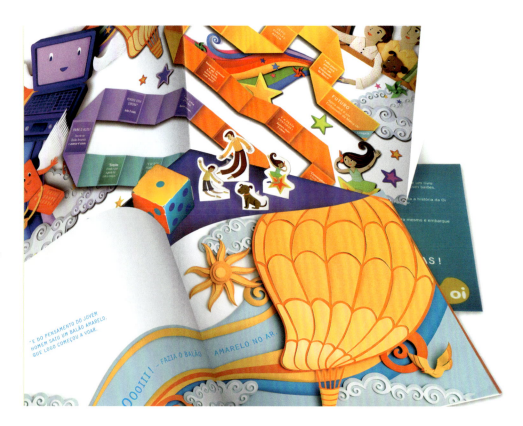

Anatomia do Design

REVISTA IDÉIA Nº31

autoria: *Helga Miethke*   29

equipe: *Direção de criação: Helga Miethke; Ilustração: Helga Miethke; Assistência: Carlos Guidi; Design Comunicação Gráfica, X-Press com diversos jornalistas e fotógrafos*

cliente: *Cia. Suzano de Papel e Celulose*

Há anos editada pela Suzano, o projeto da revista Idéia *tem duplo objetivo – comunicação corporativa e instrumento de divulgação dos papéis que produz. Nesse sentido, a diagramação e o uso de técnicas de ilustração variadas acompanham o conteúdo e demonstram possíveis usos dos papéis apresentados.*

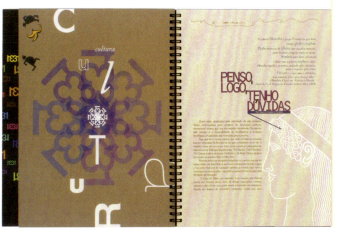

Design propulsor da Economia | 53

REVISTA CASA & MERCADO

30 autoria: *Daniele Santos / Gautio Design*

equipe: *Projeto gráfico: Daniele Santos; Diagramação e tratamento de imagens: Daniel Ganancia, Daniel Lamano e Maurício Lacombo*

cliente: *Editora Vanda Mendonça*

O segmento de revistas no mercado editorial brasileiro, campo de incessante atividade, exige constante atualização de linguagem em seus produtos editoriais. Esse projeto trata exatamente disso – a reordenação de uma identidade gráfica – visando reafirmar-se com seu público habitual e conquistar novos.

Anatomia do Design

MARCA VOTORANTIM

autoria: *Beto Almeida* 31

equipe: *Interbrand*

cliente: *Grupo Votorantim*

Arquitetura de marca é o termo utilizado recentemente para designar algo já, por vezes, efetuado desde os anos 1960. A diferença, para os dias de hoje, situa-se no fato de que estratégias de gestão começam a se basear nessa abordagem sistêmica. A adoção de uma única voz por parte de um grupo empresarial do porte do Votorantim significa tornar visualizável toda a sua dimensão econômica.

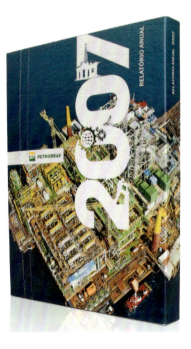

RELATÓRIO ANUAL PETROBRAS 2007

autoria: *Bruno Lemgruber | Tabaruba Design* 32

equipe: *Gerente de projeto: Bruno Lemgruber; Direção de arte: Luciana Junqueira; Design: João Doria e Felipe Kaizer; Diagramação: Ana Paula Daudt e Fernanda Garcia; Desenvolvimento online: Ocara Digital; Produção gráfica: Hélio Fonseca; Fotografia: diversos*

cliente: *Petrobras*

Relatórios anuais visam informar acionistas e colaboradores. Para suavizar sua habitual aridez, é comum que se proporcione uma experiência visual. No caso da Petrobras, por sua posição no cenário político e econômico, o relatório tem papel redobrado, uma vez que deverá refletir racionalidade, expertise e precisão tecnológica para um público muito diversificado. Nesse projeto, todos esses aspectos estão contemplados.

Design propulsor da Economia

INFUSÕES - PÓLO DE MODA DE MURIAÉ INVERNO 2008

33 autoria: *Direção de arte e design: Márcia Larica | Estação Primeira de Design; Fotografia: Márcio Rodrigues; Coordenação de moda: Renato Loureiro.*

cliente: *SEBRAE-MG*

Projeto delicadíssimo, expressa certa singeleza dos campos mineiros, pela direção das fotos e pela criteriosa tipografia, que ali está puramente para informar, na discrição que lhe cabe. A ordem cromática dialoga entre si, garantindo-lhe integridade e leveza enquanto acentua a feminilidade das peças expostas. Elaborado para um grupo de pequenas confecções de Minas Gerais, o catálogo potencializa a sua atividade.

RELATÓRIO DE ATIVIDADES 02/06 ANTT

34 autoria: *Rafael Ayres | Pós Imagem Design*

equipe: *Direção de design: Rafael Ayres; Design: Ana Amélia e Débora Klippel; Fotografia: Roberto Gomes; Impressão: J. Sholnar*

cliente: *ANTT – Agência Nacional de Transportes Terrestres*

De indiscutível avanço institucional, pela estabilidade que pode conferir a ações de interesse público, a criação de agências regulatórias implica que seu trabalho seja observado, analisado e criticado. O relatório de atividades em questão segue à risca essa motivação, permitindo ao público em geral, por meio de projeto preciso e claramente expositivo, o acesso e entendimento das suas atividades.

PORTFOLIO GOGO DEZ ANOS

autoria: *Fabiana Zanin | GOGO*   **35**

equipe: *Criação, design e produção gráfica: Faniana Zanin; Assistência: Marina Pucci*

cliente: *GOGO*

Portfolios são impressos com dupla função. Promovem a oferta de serviços enquanto documentam a produção de design gráfico no país. Ao cumprir essa dupla função, podem ser elaborados das maneiras mais diversas. Esse, no caso, opta por expor sua produção à contemplação, e ainda soma à ideia de comemoração dos dez anos de atividade da empresa.

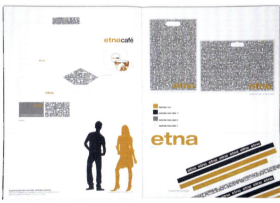

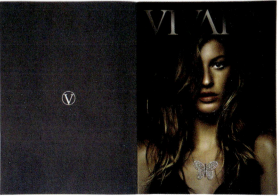

RELATÓRIO DE RESPONSABILIDADE SOCIAL CORPORATIVA 2005 DO GRUPO AES DO BRASIL

36 autoria: *Nasha Gil | Vicente Gil Arquitetura e Design*

cliente: *Grupo AES do Brasil*

O projeto se propôs a promover a comunicação, por meio da internet, dos dados de um relatório sobre as ações de responsabilidade social das quatro empresas que integram o grupo empresarial AES. Para tanto, em vez da geração de infinitas tabulações, construiu uma narrativa convidativa, capaz de reter a atenção do leitor.

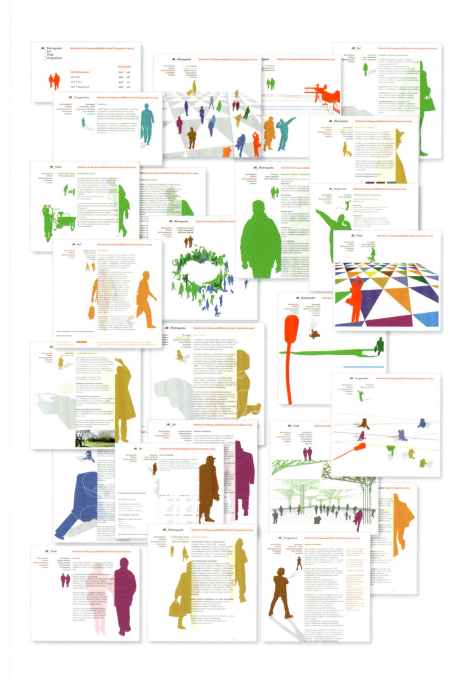

REVISTA METALURGIA & MATERIAIS

autoria: *Vicente Gil / Vicente Gil Arquitetura e Design*   37

cliente: *ABM - Associação Brasileira de Metalurgia, Materiais e Mineração*

Projeto surpreendente em seu propósito de trabalhar no limite de uma linguagem pouco usual à natureza do produto, as revistas profissionais, normalmente mal atendidas pelo próprio campo do design gráfico.

CATÁLOGO A ARTE DE IMPRIMIR

38 autoria: *Mônica Watanabe e Marcello Montore | Vista Design e Comunicação*

equipe: *Conceituação e projeto gráfico: Mônica Watanabe e Marcello Montore; Fotografia: Edu Barcellos; Textos: Ethel Leon; Tradução: Thomas Nerney;*

cliente: *Ipsis Gráfica e Editora*

Catálogo institucional, ferramenta de divulgação de uma empresa gráfica. Categoria de produto constantemente excessivo na demonstração de recursos de impressão, esse projeto equilibra texto, imagem e recursos técnicos em medida própria e exata.

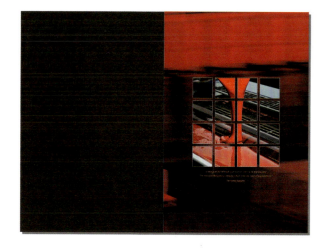

CARDÁPIO PARA A DOCERIA NININHA SIGRIST

autoria: *Vivian de Cerqueira Leite*

equipe: *Diretora de criação: Vivian de Cerqueira Leite; Design: Equipe Superbacana Design e Juliana Azem Ribeiro*

cliente: *Doceria Nininha Sigrist*

Todas as dimensões de negócio merecem, e comportam, a atenção do design. Não há oportunidade de projeto a ser descartada, cada caso é um novo caso. Esse é um deles – a singeleza do traço associado à delicada tipografia em peça de simples execução, com total cumprimento de sua função. Bom design.

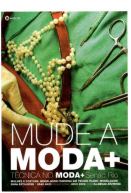
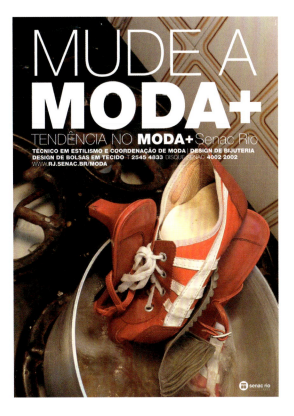

SENAC MODA

autoria: *Theo Carvalho | Tecnopop*

equipe: *Direção de design: André Stolarski; Design: Theo Carvalho; Assistência: Renata Negrelly e Fernando Rocha*

cliente: *Senac Moda*

"Como criar uma ponte entre o Senac e seus potenciais alunos? Como diferenciar a área de moda do Senac?" Esses foram os questionamentos enunciados pelos designers responsáveis pelo projeto. A definição de uma linguagem mais próxima de tendências gráficas contemporâneas possibilitou a solução uma oportunidade de comunicação mais apropriada e competitiva, resultando em aumento significativo do número de inscrições.

EMBALAGEM LIVRARIAS CULTURA

41 autoria: *Alessandro Tauchmann | Opus Múltipla Comunicação Integrada*

equipe: *Diretor de criação: Alessandro Tauchmann; Design: Sandro Pimentel; Ilustração: José Aguiar | Opus Múltipla Comunicação Integrada*

cliente: *Livrarias Cultura*

Brinde de campanha promocional de férias, que remete à ideia de uma viagem ao mundo da leitura, essa embalagem atua no imaginário de todo o público. A remissão a uma visão aventureira das viagens proporcionada por imagens e ilustrações que simultaneamente remetem a títulos de livros e a nomes de países é um achado. Ninguém permanece indiferente.

PORTFOLIO FUTUREBRAND BC&H

42 autoria: *Ewerton Mokarzel*

equipe: *FutureBrand BC&H*

cliente: *FutureBrand BC&H*

A conceituação desse portfolio privilegiou o aspecto didático intrínseco à atuação da empresa. "Compartilhar com o mercado a sua história" é o que se deseja com a peça e significa apresentar ideias e tornar visíveis os procedimentos de projeto, contribuindo para transformar o próprio mercado. Brochuras em separado foram reservadas a diferentes estudos de caso e demonstram o leque de atuação da empresa.

FOLHETO INSTITUCIONAL

autoria: *Ricardo Leite | Crama Design Estratégico*

equipe: *Direção de design: Ricardo Leite; Design: Kenzo Mayama; Redator: Erik Philipp; Atendimento: Daniele Aragão*

cliente: *Publivision / Angola*

Símbolos culturais e étnicos ilustram esse folheto institucional para uma agência de comunicação de Angola. Sem uma habitual aproximação ao design, a estratégia se definiu por mesclar elementos da herança cultural do país com novos conceitos de comunicação, permitindo que se desenvolvessem aspectos simbólicos importantes. A clara e sóbria ordenação tipográfica dialoga com a exuberante expressão das ilustrações.

EXPERIÊNCIA FRUTTARE BRANDING

44 autoria: *Fábio Nitta*

orientação: *Profa. Cecilia Consolo*

Trabalho de Conclusão da Graduação em Design Gráfico

instituição: *Centro Universitário SENAC-2006*

Projeto final de graduação, o trabalho expõe teoricamente ideias em torno do tema Brand Experience e desenha um projeto completo de branding – a Experiência Fruttare – demonstrando não somente a consolidação de conhecimento na área, mas também competência projetiva. Por meio da análise de hábitos e costumes do mercado, o jovem designer propõe um novo produto, configurando todos os itens necessários – do design das embalagens aos pontos de degustação e vivência.

64   Anatomia do Design

PROTEÇÃO FINANCIAMENTO MONITORAMENTO INVESTIMENTO

AGRÍCOLA CONSÓRCIO SERVIÇOS SEGUROS

REDESIGN
MARCA E IDENTIDADE
PORTO SEGURO

autoria: *Oz Design* 45

equipe: *Direção de design: Giovanni Vannucchi, André Poppovic e Ronald Kapaz; Design: Fernando Malta, Roberta Leal, Carolina Amigo, Bruno Villardo e André Senra*

cliente: *Porto Seguro Seguros*

Alinhar valores ou aspectos intangíveis com estratégias de gestão não basta para consolidar uma marca empresarial. A linguagem gráfica, que pressupõe a definição de sinais e sua relação com outros elementos constituintes de uma identidade visual, é fator essencial. Sem sistematização, não existe hipótese de consolidação de uma imagem corporativa. A atualização do programa de identidade visual estendeu a credibilidade da marca à sua nova configuração.

GUIDELINES DE BRANDING DA MARCA UNIBANCO

46 autoria: *Ana Couto Branding & Design*

cliente: *Unibanco*

Manuais de diretrizes para a comunicação de marca contribuem, cada vez mais, para o estabelecimento de uma cultura corporativa, elemento essencial para a imagem de uma empresa. O projeto, que inclui a reformulação do sinal desenhado em 1965 por Aloisio Magalhães, identificado pelos autores como patrimônio de inegável valor, exigiu uma extensa padronização dos conceitos e procedimentos explicitados nesses manuais.

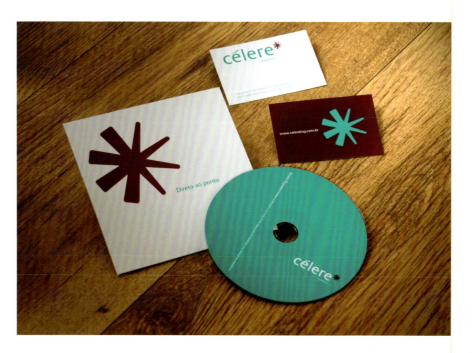

MARCA E PAPELARIA PARA CÉLERE

autoria: *Ana Couto | Ana Couto Branding & Design*

cliente: *Célere*

Serviços de logística tornaram-se essenciais ao longo do processo de desverticalização tanto da indústria como do comércio, ocorrido ao longo das últimas décadas. Anteriormente entendidos como operação submetida ao controle centralizado da produção ou comercialização, passaram a se constituir como serviços de terceiros, com necessidade de expressão visual própria. Conceitualmente, o projeto remete à idéia de precisão e agilidade.

CASTRO - COMUNICAÇÃO INTEGRADA E PORTFOLIO EMPRESARIAL

48 autoria: *Carlos Fernando Eckhardt*

equipe: *Eckhardt Design*

cliente: *Castro Projetos e Consultoria*

Ferramentas comuns, tornadas ícones da ideia de projeto e construção, por meio de uma alteração de escala, foram transformadas em padrão de identidade de um escritório de arquitetura industrial do Recife. A transformação de ícones desprovidos de qualquer característica singular em identidade empresarial própria se dá pela capacidade intrínseca ao design de sistematizar visualmente um conceito.

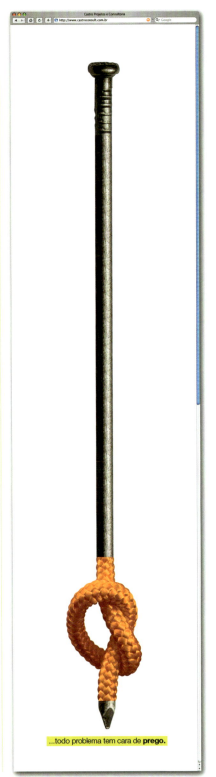

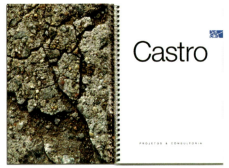

LIVRO BRASÍLIA MUSIC FESTIVAL MOTO

autoria: *Pedro Henrique Garcia*   49

equipe: *Design: Pedro Henrique Garcia; Textos: João Paulo Oliveira; Fotos: Kazuo Okubo; Manipulação digital: Mauro Martins*

cliente: *Livro para captação de patrocínio*

A captação de recursos para eventos culturais se vale de apresentações que visam estimular possíveis patrocinadores. Por outro lado, o uso de imagens destinadas a provocar reações emocionais sempre esteve entre os atributos do design gráfico. Aqui, a montagem de imagens fotográficas de Brasília com detalhes de motocicletas e o logotipo que remete a escudos próprios à estética motociclística cumprem essa função.

IDENTIDADE VISUAL – LUNA BIANCA

autoria: *Lilian Shyemin Le / Leela Estúdio*   50

cliente: *Luna Bianca*

Aqui, o negócio é a venda direta de artigos de cama, mesa e banho. Para tanto, o projeto se propôs a identificar a mulher moderna, "representando-a em seu momento de lazer com seu filho, brincando de soprar flores dente-de-leão, elemento eleito para simbolizar a maciez da roupa de cama e banho." O restante do planejamento de imagem visou, sobretudo, praticidade e eficiência, aspectos relevantes à operação.

3 DESIGN VOLTADO A MEIO AMBIENTE E SUSTENTABILIDADE

Fred Gelli

CAPÍTULO 3

Design Voltado a Meio Ambiente e Sustentabilidade

O design e o branding no futuro das marcas

Fred Gelli

A cada dia, os sinais do descompasso entre o planeta terra e nosso modo de vida contemporâneo tornam-se mais evidentes. É urgente repensarmos as bases do que entendemos como bem-estar. O tal do "consumo consciente" no sentido mais literal do termo vai mudar nossa relação com as marcas e com o que elas nos oferecem como produtos, como valor.

A nova realidade traz um enorme desafio criativo para o capitalismo. A lógica do lucro a qualquer preço, do paradigma econômico do ganha-perde, em que 10% da população desfrutam das benesses do sistema e 90% vivem em condições desfavoráveis, estão com os dias contados.

Com isso, a sobrevivência das marcas vai depender, basicamente, da competência de ocuparem um novo espaço na sociedade, na cabeça e no coração das pessoas, e esse será o sentido mais concreto do termo "sustentabilidade" no âmbito do mercado.

Muito mais do que aspectos ligados às questões ambientais, a nova ecologia dos negócios vai ter de dar conta de um novo contrato de interdependência entre todos os *stakeholders* envolvidos. Não será mais possível para as empresas prosperar sem considerar seu impacto socioambiental. Elas terão de, de fato, responsabilizar-se por toda a cadeia de sua atuação e, assim, investir uma boa parte de sua inteligência e esforços para que, no "final do dia", sua existência como "organismo" desse ecossistema seja relevante e contribua para a "saúde" do todo.

Em um mundo em que as ideias e o poder estão, a cada dia, mais nas mãos das pessoas e menos nas mãos das empresas e governos, a capacidade das marcas para se relacionarem com as "comunidades criativas", verdadeiras forças motrizes da nova economia, vai depender basicamente da consistência de suas atitudes empresarias. Isso poderá significar uma profunda revisão em seu portfolio de produtos e serviços.

É aí que acreditamos que as ferramentas do branding e do design podem ajudar e muito. Para que esse processo de revisão profunda possa acontecer de forma consistente e sustentável, será necessário, mais do que nunca, que essa nova atitude empresarial seja construída sobre as bases sólidas das verdadeiras vocações das marcas. Não pode existir uma fórmula única para tornar marcas e companhias "sustentáveis". Cada marca, dentro de cada empresa, terá de buscar seu caminho, a reorientação de sua rota, sempre buscando inspiração e indicação para seu novo rumo na "bússola" de sua natureza mais profunda.

Serão novos desejos. Novas expectativas. A era do convencimento barato, do "compre agora", da ditadura do poder econômico das marcas, que impõe seus produtos sob a força do "marketing selvagem", acabou. O tal "consumo consciente", que já é uma realidade em muitos nichos de mercado, irá exigir muito mais das empresas e de seus parceiros de marketing. São as pessoas (que, em um futuro próximo, não aceitarão mais a alcunha reducionista de "consumidores") que ajudarão as marcas a se reorientarem.

A própria natureza dessa parceria já está em profunda mudança. Perdem força as empresas de comunicação tradicionais, com seus tiros de bazuca e entram em cena parceiros muito mais estratégicos, que sairão do nível mais superficial das marcas, indo fundo na sua essência, na relação verdadeira e sustentável das marcas com a sociedade.

Falando e pensando mais na dimensão da inovação do que no marketing, parceiros que não estarão apenas ajudando a vender mais de "qualquer coisa", mas a construir uma nova visão do "que vender" para quem e, em contrapartida, para o sistema como o todo. É essa revolução, essa revisão que teremos de empreender.

Uma vez definida a direção, com a "bússola do branding" apontando o caminho, entra o design com sua vocação multidisciplinar, integrando, costurando saberes: da antropologia à engenharia, da psicologia à pesquisa de novos materiais. O DNA do design é múltiplo, é transversal. Ele irá contribuir profundamente em um cenário, em que inovações econômicas e tecnológicas terão de atender a novas necessidades, a novos hábitos.

Estaremos com o enorme desafio de revermos nossos conceitos de bem-estar e de desenvolvimento e, para isso, teremos de contar com alternativas inteligentes e sedutoras, com soluções ECODUCAS, e não mais ECOCHATAS. Perseguiremos ideias de baixo impacto ambiental, porém, com alto impacto sensorial!

É claro que estamos falando de uma mudança de paradigma, de uma nova relação com o mundo físico, material. As marcas ocuparão novos espaços. Terão mais relevância cultural, um papel social e muita responsabilidade ambiental. Virá da soma desses três aspectos sua força como negócio. Para um novo consumidor, novas marcas com novas expressões. Produtos e serviços desenhados em parceria com esse novo consumidor, que, talvez, ganhe um novo status em uma sociedade que tende a evoluir de uma sociedade de consumo para uma sociedade de uso, com uma enorme gama de produtos que se transformam em serviços, seguindo uma tendência sem volta de desmaterialização da economia.

Do consumidor a desfrutador

De fato, mais do que possuir, o que importa é desfrutar. Abrir mão do mito da posse em troca da satisfação do desfrute talvez seja o maior desafio comportamental para esse novo consumidor.

O marketing tem um papel fundamental na construção desse novo cenário. Ele terá de ajudar a vender a ideia de que melhor do que uma suv subutilizada na garagem com todos os custos e impactos que esse "bem" gera, é o desfrute de um sem número de modelos de carros diferentes, adequados para as diversas ocasiões, alugados em novas companhias de aluguel e compartilhamento de automóveis. Ou ainda, a ideia de que o uso por cinco anos de modelo de celular completíssimo e que permita upgrades virtuais pode ser mais "cool" do que a troca semestral de aparelhos pelo simples capricho da moda.

As marcas que saírem na frente, buscando novas soluções para esses desafios, irão criar as referências para as demais, e com o ônus e o bônus do pioneirismo irão inaugurar um novo paradigma no mundo dos negócios, permitindo que os "desfrutadores" se relacionem com suas expressões (produtos, serviços, comunicação) de uma forma equilibrada, justa e sustentável.

O design gráfico materializando ideias sustentáveis

Quando pensamos em "design sustentável" ou "design verde", além de serem termos e expressões desgastadas pelo modismo e, muitas vezes, pela falta de consistência do contexto onde aparecem, é sempre mais fácil imaginar soluções de design de produto, em que materiais reciclados ou processos produtivos "socialmente corretos" justificam a adjetivação "eco".

O fato é que o design gráfico tem um papel importantíssimo na criação de soluções de comunicação que contribuam, essencialmente, para dar os recados certos em relação aos valores ligados à sustentabilidade.

O primeiro desafio é, exatamente, romper com os clichês que tanto empobrecem e isolam as propostas supostamente "verdes". O território visual, sempre recheado de um gestual característico, de referências a árvores, solzinhos e bichinhos, materializados em uma linguagem quase infantil, assim como o uso recorrente de papéis reciclados, que se diz de baixo impacto ambiental, cria uma impressão equivocada e distorcida que só é possível falar de "ecologia" ou explorar graficamente o tema dessa forma. Essa percepção foi criada nos últimos anos muito pelo esforço marqueteiro de explicitar para um consumidor menos informado o envolvimento de empresas e marcas com a temática "verde".

Para começar, o "verde" é a primeira barreira que temos de superar. Ninguém aguenta mais a ditadura de uma cor só. Precisamos de muitas outras, talvez de todo o catálogo Pantone® para espantar a "ecochatice" do universo da "comunicação visual" a serviço da ecologia!

No fundo, a riqueza do tema, se bem compreendido, deve inspirar infinitas possibilidades de caminhos gráficos completamente livres das fronteiras restritas dos clichês. Os mesmos princípios do bom design que consideram equilíbrio de composições, cores, tipografia e ilustrações, sempre a serviço da informação e do encantamento, devem nortear os projetos.

Em um futuro próximo não existirá mais o termo ECODESIGN. Todo o design terá de ser ECO, e aí os nichos criados para as soluções ECO deixarão de existir.

É claro que, como qualquer tema, o "pensamento sustentável" tem alguns códigos que contribuem para envolver as pessoas no contexto. O desafio que a bienal esse ano propôs é o de identificarmos soluções de design que fazem um bom uso desses ingredientes, misturando-os a outros de forma original e potencializadora.

Isso pode ser visto em projetos, como o do relatório "Jovem MTV", que explora o lixo, elemento recorrente nas soluções "ECOCHATAS", de uma forma vigorosa e criativa. Ou ainda, nas imagens criadas para um editorial de moda que explora a reutilização de colheres de plástico de uma forma lúdica, moderna e surpreendente.

Afastar a comunicação visual ligada à "sustentabilidade" do universo artesanal, alternativo, e estabelecer um cruzamento saudável entre ECOLOGIA e TECNOLOGIA (afinal, não pretendemos voltar à Idade da Pedra para sermos sustentáveis) são parte do nosso dever de casa como designers conectados e responsáveis. Esse dever de casa é feito há muito tempo, mais precisamente há 25 anos, por JAIR DE SOUZA, designer carioca responsável por inúmeros projetos nesse universo, quando assumiu a criação da linguagem visual do Partido Verde e da maioria das campanhas políticas de Fernando Gabeira, Alfredo Sirkis e Carlos Minc. Acima de tudo, Jair contribuiu na construção das linhas do pensamento ECO no Brasil. Seu trabalho, muito antes de se falar em ecologia, já abordava o tema e trazia a linguagem pop e contemporânea que até hoje é referência original e moderna.

Soluções, como a identidade visual do ECOMERCADO, ou marcas, como a desenvolvida para a ONG "Boca do Acre", sempre foram, para mim, exemplo de como "olhar" e materializar, por meio do design gráfico, o universo da sustentabilidade, fugindo de todos os rótulos e clichês. Por isso, achei por bem, como curador do tema "Design e Sustentabilidade", homenagear esse profissional brilhante, que tanto me inspirou no início de minha carreira e que continua a surpreender a cena cultural brasileira, realizando projetos importantes, unindo design, tecnologia e emoção, com muita criatividade.

JAIR DE SOUZA

51 **Marcas:**
Partido Verde
Terra Verde
AmazonLife
Ecomercado

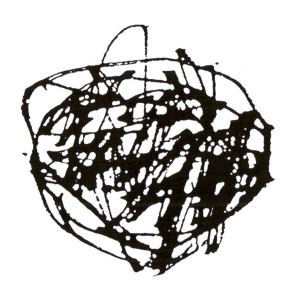

A proposta de utilização de aparas de latas de alumínio, como base para confecção de um "material" usado para produção dos crachás de identificação do evento, contribui para uma associação direta com o tema do evento, focado em políticas de utilização eficiente de energia. De uma forma simbólica, a ideia destaca uma das mais bem-sucedidas dinâmicas de reciclagem de material pós-consumo, que é a do alumínio, que representa uma economia de energia elétrica de grandes proporções.

    A disposição das tiras estreitas das latas, lado a lado, produz um efeito gráfico vibrante e contemporâneo, atraindo o olhar e, mesmo se tratando de um processo artesanal razoavelmente comum, o resultado é original e moderno.

CREDENCIAL IDB PROJETO DE CRACHÁS PARA SEMINÁRIOS DE EFICIÊNCIA DE ENERGIA

autoria: *Rodolfo Rezende e Leo Guimma | Estúdio Tostex*

equipe: *Direção de design: Rodolfo Rezende, Leo Guimma; Design de produção: Leo Guimma; Colaboração: Renata de Melo Borba*

cliente: *Ekos Brasil*

52

Uma das grandes dificuldades de se trabalhar a dimensão da sustentabilidade no design gráfico é fugir dos clichês que o tema sugere, buscando, acima de tudo, um tratamento gráfico adequado ao conteúdo em questão, ao público-alvo, assim como a valorização dos "ingredientes" disponíveis.

Foi exatamente isso que me atraiu nesse projeto. A elegância e a clareza da proposta gráfica parecem muito adequadas aos objetivos da publicação, contribuindo para a valorização do conteúdo gráfico e editorial.

**REVISTA
BRASIL INDÍGENA
REVISÃO GRÁFICA**

53 autoria: *Marcelo Aflalo / Univers Design*

cliente: *FUNAI*

78 Anatomia do Design

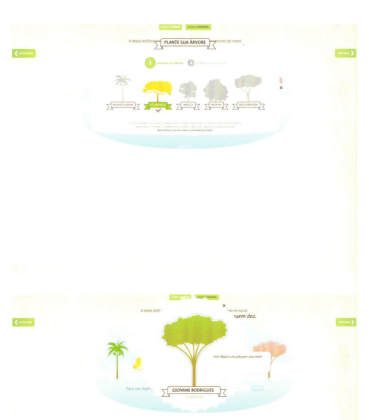

NATAL GRECO BRINDE DE FINAL DE ANO

autoria: *Gustavo Greco / Greco Design*

54

equipe: *Direção de design: Gustavo Greco; Design: Geovane Rodrigues; Ilustração: Bruno Nunes; Programação: Marcus D2 e PJ*

cliente: *Greco Design*

Uma das premissas e tendências do pensamento sustentável no design é a desmaterialização das soluções. Sempre que possível, substituir uma proposta física por uma virtual, sem que haja prejuízos para os objetivos do projeto. Isso representa uma redução significativa no impacto ambiental da proposta.

O desafio é exatamente conciliar a desmaterialização com a preservação do impacto "sensorial". Esse projeto me parece ser uma boa referência dessa estratégia. A oferta da muda de uma árvore nativa da região da Mata Atlântica para que, de uma forma virtual, os presenteados se sintam participando de uma ação positiva para o meio ambiente poderia ser mais uma das experiências virtuais que carecem de concretude.

A ideia de oferecer a visualização do lugar exato de onde a árvore seria plantada, assim como a representação de uma floresta virtual com a coleção das espécies escolhidas pelo cliente, parece-me uma combinação interessante de apelos reais e virtuais.

Esse projeto consegue a proeza de trabalhar com ingredientes já muito explorados em projetos com apelo "eco" que é o lixo de uma forma arrojada e poética, garantindo um resultado forte, provocante lúdico e muito adequado ao universo da publicação e do canal.

A combinação das formas com o "lixo", foi usada nas composições de imagens, nas tipografias criadas, especialmente, com brancos generosos, e uma estrutura, de diagramação seca e correta, garantiram um resultado original e de grande impacto visual. O projeto serve como boa referência de como podemos usar velhos ingredientes com um novo olhar e tratamento.

80 Anatomia do Design

DOSSIÊ UNIVERSO JOVEM 4 / MTV

autoria: *Rodrigo Pimenta / MTV* **55**

equipe: *Direção de criação: Rodrigo Pimenta; Direção de arte: Beto Shibata; Direção de arte e design: Pedro Inoue; Fotografia: Peetsa; Produção das fotos: Vinicius Patrial e Guilherme Paccola; Produção gráfica: Jairo da Rocha/Finale*

cliente: *MTV*

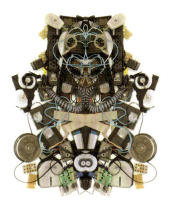

Design voltado a Meio Ambiente e Sustentabilidade

REFLEXO – SUSTENTABILIDADE EM UM ESPAÇO EXPOGRÁFICO

56 autoria: *Isabela Sertã*

orientação: *Prof. Eduardo Braga e Profa. Juliana Pontes*

Trabalho de Conclusão da Graduação

instituição: *FUMEC*

Uma das confusões básicas na relação entre design gráfico e sustentabilidade é a de que basta a utilização de suportes e materiais de menor impacto ambiental, como papéis reciclados, papelão etc. para se produzir uma solução "eco".

Na verdade, a escolha de materiais de menor impacto ambiental tenderá a ser, cada dia mais, quase um "pedágio" para projetos de qualidade. Mas o mais importante e desafiador é fazer que essas escolhas não comprometam o poder de comunicação e encantamento do projeto.

Esse projeto acadêmico me parece ser um bom exemplo de como é possível conciliar esses dois aspectos. Os materiais escolhidos, bastante comuns em soluções ECOCHATAS, receberam um tratamento inteligente e original, criando certa surpresa, como no caso da serigrafia aplicada sobre o cobertor reciclado. Além disso, os recursos de ilustração, usados na marca e nas interferências sobre imagens, combinados com uso de fotos sangradas garantiram um resultado forte e contemporâneo.

SISTEMA DE IDENTIDADE ASSOCIAÇÃO VER AS ERVAS – BELÉM / PA

autoria: *Fernanda Martins e Sâmia Batista | Mapinguari Design*

equipe: *Direção de design: Fernanda Martins; Design: Fernanda Martins e Sâmia Batista; Assistência: Joércio Barbalho Junior; Fotografia: Fernanda Martins, Miguel Chikaoka e Carlos Silva*

cliente: *Associação Ver as Ervas – Belém / PA*

Quando tratamos do papel do design, como instrumental que nos ajudará a redesenhar nossa relação com o mundo físico sob o filtro da "sustentabilidade", é fundamental entendermos que seu alcance e importância transcendem, em muito, os simples resultados físicos e gráficos de um projeto. Nosso olhar, nossa maneira de trabalhar, nossos processos de abordagem podem gerar grandes transformações no universo dos envolvidos no projeto.

O projeto de criação de uma identidade visual para a cooperativa de erveiros do mercado Ver o Peso, em Belém, —"Ver as Ervas" — me parece um exemplo fantástico de como, por meio de um processo participativo, o design pode contribuir para catalisar os desejos, vocações e potenciais da comunidade envolvida. Além disso, esse exemplo mostra como esse processo pode transformar profundamente a maneira de como as pessoas da comunidade veem a si próprias e, por consequência, como se inserem no mercado e na sociedade.

A aposta no "desenhar com" em contraposição ao "desenhar para" garantiu um profundo envolvimento dos cooperados no desenvolvimento do projeto, o que garantiu uma ampliação significativa nos resultados.

Além de uma nova identidade visual, da qual todos se sentem autores (por se tratar de uma colagem de ícones desenhados por eles próprios), aplicável em uma série de suportes diferentes, o projeto os ajudou a repensar o negócio como um todo, abrindo novas frentes para geração de recursos e clareando o posicionamento da cooperativa em relação aos seus interlocutores.

IDENTIDADE VISUAL FÓRUM SOCIAL MUNDIAL 2009

58 *autoria: Fernanda Martins e Sâmia Batista | Mapinguari Design*

equipe: Direção de design: Fernanda Martins; Design: Fernanda Martins e Sâmia Batista; Assistência: Fernanda Belich e Victor Eguchi

cliente: *Fórum Social Mundial 2009*

Traduzir graficamente a diversidade social em um evento importante como esse é um desafio e tanto. O território visual criado para o Fórum foi o resultado de um mergulho em signos e referenciais imagéticos de muitas culturas. O processo de garimpo dos ingredientes foi rico e colocou em destaque, de forma equânime, expressões das mais diversas origens que, somadas a uma tipografia seca e direta, garantem a força simbólica da identidade visual.

Anatomia do Design

A saia feita com colherinhas de plástico nos coloca diante da fronteira entre o design gráfico e o design de produto, cada vez mais efêmeras. O fato é que as conexões entre o 2D e o 3D não podem ser desperdiçadas no processo de construção de boas ideias.

Esse trabalho, no qual milhares de colheres de plástico são usadas para criar uma saia que reforça a ideia da utilização criativa de materiais reciclados, parece-me ser um bom exemplo da força de uma imagem criada fora das fronteiras do computador.

O resultado gráfico é limpo e contundente. Uma proposta original que levanta os aspectos ligados à sustentabilidade, por meio de uma solução de grande impacto visual.

COLHERINHAS

autoria: *Tatiana Sperhacke*

equipe: *Design: Tatiana Sperhacke; Fotografia: Raul Krebs; Finalização de imagem: Estúdio Mutante; Modelo: Rafela Spilimbergo*

cliente: *Revista Lançamentos nº 180 – Grupo Sinos*

Design voltado a Meio Ambiente e Sustentabilidade

4 DESIGN E MEMÓRIA

Rafael Cardoso

CAPÍTULO 4

Design e Memória

Rafael Cardoso

Todo designer sabe que os objetos detêm o poder de despertar lembranças e de aguçar a memória. Quem aí se lembra das balas Boneco ou do bonequinho do arroz Brejeiro? Certamente, todos os leitores que compartilham com o autor sua faixa etária. Por pertencerem a um universo comercial em constante mutação, brinquedos e confeitos são duas categorias de produtos que marcam época, separando gerações e unindo pessoas muito díspares, mas que tenham uma vivência cronológica comum. Essa constatação anedótica conduz a várias perguntas importantes: Como os objetos despertam a memória? Quais os mecanismos envolvidos nesse processo? As reações emocionais podem ser previstas ou controladas? Será possível fazer uso da memória para criar vínculos afetivos entre usuários e objetos? De que modo o design pode tirar partido dessa possibilidade para estimular comportamentos desejáveis? São muitas e complexas as perguntas, e só recentemente o campo do design começa a buscar respondê-las de modo consistente.[1]

Quando o assunto é memória coletiva, e não a pessoal, o tema se torna ainda mais espinhoso. Como são construídas as identidades que nos ligam a determinados grupos? Que elementos constituem nossas noções de identidade e pertencimento? Será que cultura e nação, raça e gênero são categorias tão definidas assim? Quais as relações entre imaginário e patrimônio? Quais os limites entre memória e história? Como é feita a consagração e transmissão de valores culturais? São perguntas que historiadores, antropólogos e sociólogos, entre outros, enfrentam diariamente em suas pesquisas.[2] Ao lançar o tema "Design e Memória" como categoria para a Bienal deste ano, a presente curadoria desafiou os concorrentes a explorarem essas questões em toda sua complexidade, fugindo do senso comum.

Quando se fala em memória e identidade no Brasil, existe uma tendência forte a resvalar imediatamente para a discussão da brasilidade ou da representação simbólica da Nação. Temendo uma enxurrada de papagaios e bananeiras, fez-se questão de

---

1. *Para uma introdução ao assunto, ver Cláudia Mont'Alvão & Vera Damázio (orgs.),* Design, ergonomia, emoção. *Rio de Janeiro: Mauad/Faperj, 2008.*

2. *Sobre as relações entre imaginário e patrimônio, memória e história, ver Afonso Carlos Marques dos Santos.* A invenção do Brasil: *ensaios de história e cultura. Rio de Janeiro: Editora da UFRJ, 2007. Ver também Lúcia Lippi Oliveira.* Cultura e patrimônio: um guia. *Rio de Janeiro: Fundação Getulio Vargas, 2008; e Rosza W. vel Zoladz (org.),* Imaginário brasileiro e zonas periféricas: algumas proposições de sociologia da arte. *Rio de Janeiro: 7 Letras/Faperj, 2005.*

desvincular o substantivo "memória" do adjetivo "nacional", do qual costuma vir acompanhado nos debates sobre patrimônio histórico e cultura popular. Como atividade viva e atual —cosmopolita e modernizante por definição—, o design mantém uma convivência difícil com noções românticas de identidade nacional. Com o avanço da pós-modernidade, o nacionalismo estrito parece fazer cada vez menos sentido como princípio organizador das trocas simbólicas e culturais. Na era digital à qual já pertencemos todos, todo projeto existe em rede e toda ação deve ser pensada em seu impacto global.

Os designers reagiram com criatividade e bravura ao desafio, dissipando os temores curatoriais. Nenhum papagaio, nenhuma bananeira! Antes, investigações convincentes e inteligentes dos recônditos da memória, individual e coletiva, que dá textura à nossa cultura visual e material. Valendo-se das mais diversas mídias, suportes, linguagens, os designers aqui representados souberam explorar a força do repertório gráfico como chave para abrir a caixa-forte da emoção de usuários e espectadores. Os projetos falam por si. Porém, como é obrigatório que se fale um pouco sobre eles, procedamos a um passeio comentado pelos trabalhos selecionados.

Qual criança nunca fuxicou uma gaveta, em busca de tesouros perdidos? Melhor ainda, uma gaveta de costura de avó, com seus mil apetrechos e badulaques: dedal, agulhas, linha, botões, fechos, fitas! Pensando nesse prazer secreto —que, principalmente para as meninas, perdura ainda bastante, após a infância—, a equipe de design da Capricho, sob a direção de Alceu Nunes, gerou um redesenvolvimento do projeto da revista que apresentasse caminhos diferentes ao público adolescente, estimulando a prática de atividades manuais e artesanais. Em plena era digital, a proposta era de introduzir sensações táteis na comunicação visual impressa, com títulos, vinhetas e tipologias derivadas do mundo da costura e dos carimbos. É o design servindo de ponte para um fazer lúdico, calcado na experiência da manipulação direta de texturas e

CONSTRUÇÃO DO UNIVERSO CAPRICHO E REDESIGN DA REVISTA

61 autoria: *Alceu Nunes*

equipe: *Direção de Arte: Alceu Nunes; Editora de arte: Milena Gali; Design: Fabiana Yoshikawa, Lara Sabatier, Flávia Zimbardi, Isabella Maiolino, Renata Barros, Ana Luiza Pereira e Tereza Betinardi*

cliente: *Revista Capricho*

90 Anatomia do Design

estruturas. Com o mesmo intuito de retomar as brincadeiras de infância, os calendários do patrimônio cultural, desenvolvidos por Carlos Henrique Bicalho e Mariana Guimarães Brandão para a Prefeitura de Belo Horizonte, transformaram a paisagem arquitetônica da cidade em divertidos pop-ups, esvaziando um pouco da sisudez que costuma permear a noção de patrimônio, e restaurando prazer e alegria à celebração da memória construída.

O resgate do patrimônio histórico, sua preservação e reinvenção, é uma temática que permeou diversos projetos selecionados. Em especial, o livro mostrou-se propício como suporte para exercícios dessa natureza. Quatro volumes dedicados diretamente ao resgate histórico primaram pela elegância discreta das soluções empregadas. O *Álbum Theatro São Pedro – 150 anos*, projetado por Flávio Wild, empenhou-se em reproduzir graficamente o luxo do objeto documentado, transmitindo, por seus ricos materiais e generosa diagramação, com muitas fotos sangradas em página inteira, um pouco da sensação de fausto e pompa que envolve esse nobre edifício. De modo análogo, o Catálogo Raisonné de Cândido Portinari, projetado pela EG Design, equaciona problemas complexos de transposição da informação quase excessiva para seus cinco volumes com muita engenhosidade e enganosa simplicidade. Nada mais difícil do que a aparência do simples! Chama-se elegância a economia de formas e gestos que encobre o muito engenho. Essa mesma qualidade está presente no belo livro *A Mão Devota*, projetado por Gustavo Grecco para a editora Bem-te-vi. Fazendo uso intenso de imagens recortadas, detalhes ampliados e grandes áreas em branco, o design conseguiu traduzir boa parte do impacto visual e plástico das imagens que integram suas páginas. As fotografias ganham vulto no projeto gráfico, mediante a valorização das características formais das esculturas, destacando sua tridimensionalidade e textura. Outro bom livro dedicado ao resgate histórico é *O comércio no Paraná: uma história de conquistas*, projetado por Joaquin Fernandez Presas para marcar a criação de um museu pela Federação de Comércio do Paraná. Remetendo à aparência dos velhos livros de atas, o projeto simula a própria ação de preservação da informação que é a essência do registro escrito, fazendo-se ato e ata da reflexão proposta.

CALENDÁRIO DO PATRIMÔNIO CULTURAL

equipe: *Design: Carlos Henrique Bicalho e Mariana Guimarães Brandão; Fotografias antigas: Museu Histórico Abílio Barreto, Arquivo Público da Cidade de Belo Horizonte – Coleção José Góes, Diretoria de Patrimônio Cultural; Fotografias atuais: Carlos Henrique Bicalho e Mariana Guimarães Brandão*

cliente: *Diretoria de Patrimônio Cultural da Prefeitura de Belo Horizonte*

62

Design e Memória 91

ÁLBUM THEATRO SÃO PEDRO – 150 ANOS

63 autoria: *Flávio Wild / WildStudio Design*

equipe: *Direção de design e design: Flávio Wild; Fotografia: Diversos Fotógrafos; Curadoria: Flávio Wild e Fernanda Chemale; Editoração: WildStudio Design; Texto: Gunter AXT; Ensaios e depoimentos: Vários Artistas; Produção executiva: Pedro Longhi*

cliente: *Theatro São Pedro*

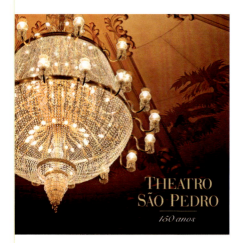

CATÁLOGO RAISONNÉE DE CÂNDIDO PORTINARI

64 autoria: *Evelyn Grumach / Eg. Design*

equipe: *Direção de arte: Evelyn Grumach; Design: Evelyn Grumach, Tatiana Podlubny, Ricardo Hippert e Fernando Braga; Interface com banco de dados: Regina Ferraz*

cliente: *Projeto Portinari*

Anatomia do Design

LIVRO A MÃO DEVOTA

autoria: *Gustavo Greco | Greco Design*

equipe: *Direção de design: Gustavo Greco; Design: Gustavo Greco e Tidé; Roteiro das imagens: José Alberto Nemer; Editoras Responsáveis: Vivi Nabuco e Lúcia Almeida Braga; Editora Executiva: Lélia Coelho Frota; Fotografia: Rafael Motta, Xará e Eduardo Rodrigues de Souza*

cliente: *Bem-te-vi Produções Literárias*

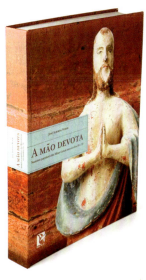

O COMÉRCIO NO ESTADO DO PARANÁ: UMA HISTÓRIA DE CONQUISTAS

66 autoria: *Joaquin Fernandez Presas | Ponto Design*

equipe: *Direção de design: Joaquin Fernandez Presas; Texto: José Luiz de Carvalho e Aimoré Índio do Brasil Arantes; Revisão: Senival Silva; Design: Rodrigo Paulique, Tiago Tavares e Gustavo Moraes; Arte final: Fábio Heinzen; Fotografia: Nilson Santana; Produção gráfica: Paula Adamowicz*

cliente: *Federação do Comércio do Estado do Paraná*

REVISTA DO ARQUIVO PÚBLICO MINEIRO

67 autoria: *Márcia Larica | Estação Primeira de Design*

equipe: *Direção de arte e design: Márcia Larica; Pesquisa iconográfica: Luís Augusto de Lima; Fotografia: Daniel Mansur; Editoração: Túlio Linhares; Impressão e acabamentos: Rona Editora*

cliente: *Arquivo Público Mineiro / Secretaria de Estado de Cultura de Minas Gerais*

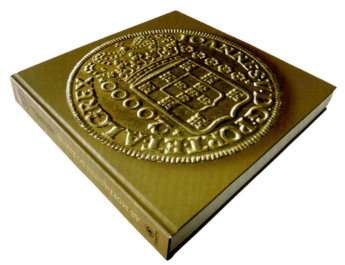

LIVRO AS MOEDAS CONTAM A HISTÓRIA DO BRASIL

autoria: *Marcelo Aflalo / Univers Design*

equipe: *Marcelo Aflalo e Cristiane Novo*

cliente: *Editora Magma Cultural*

68

O projeto gráfico como possibilidade de imersão numa determinada experiência histórica dá a tônica de três outras publicações que visam simular um pouco do passado sobre o qual dissertam. O simpático volume *As moedas contam a história do Brasil*, projetado por Marcelo Aflalo, apresenta-se como uma caixa-forte, com sua imponente capa dourada ostentando o relevo de uma moeda, como que cunhada no metal. Propondo-se a um mergulho ainda mais visceral no assunto tratado, o projeto de Márcia Larica para a Revista do Arquivo Público Mineiro firma identidades visuais marcantes para cada uma das três edições realizadas, vinculando a estrutura projetual diretamente à temática tratada. Destaque para a edição sobre o arquivo do Dops, no qual as opções cromáticas, imagéticas e tipográficas evocam eloquentemente a dureza e a brutalidade do assunto. Igualmente evocativo daquilo que ilustra, a série de livros juvenis *Diários descobertos*, projetados pela Rex Design, visa recuperar a visualidade de cada um dos temas/ criativa da estrutura gráfica dos diários, combinada com o uso de ilustrações de época. O resultado é uma viagem no tempo, tanto visual quanto temática, muito ao gosto do público-alvo de jovens leitores. Talvez o mais impressionante projeto selecionado, em termos de casar a experiência de leitura com a temática tratada, seja a coleção *O gabinete de curiosidades de Domenico Vandelli*, criada

COLEÇÃO COMPLETA – DIÁRIOS DESCOBERTOS

69 autoria: *Gustavo Piqueira e Marco Aurélio Kato | Rex Design*

equipe: *Design: Gustavo Piqueira e Marco Aurélio Kato; Ilustração: Aleijadinho, DaVinci: Alexandre Camanho | Rex Design*

cliente: *Edições Jogo de Amarelinha – Escala Educacional*

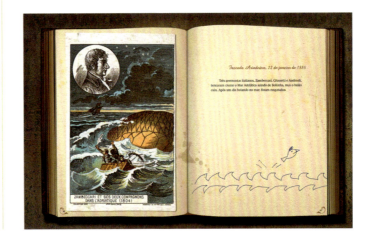

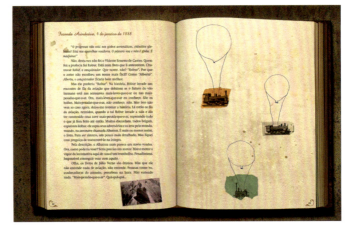

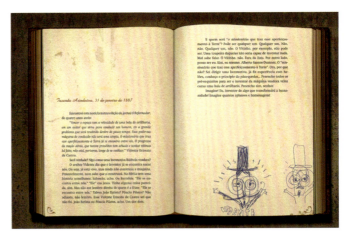

por Anna Paula Martins e Luiza Marcier para a Dantes Editora. Englobando oito livros, dezesseis cartazes e um jogo de memória, o vultoso projeto reproduz, à sua maneira, a sensação labiríntica e caleidoscópica de ingressar num gabinete de curiosidades, onde o olhar é atraído por cem golpes de vista ao mesmo tempo e os sentidos são despertados, a cada instante, por alguma nova surpresa. Destaque para o belíssimo e arrojado livro, com o mesmo título da coleção, que induz o leitor a uma verdadeira descoberta visual e tátil dos tesouros amealhados pelo velho naturalista italiano.

    Explorando uma vertente paralela à evocação experiencial do passado, vários projetos selecionados propuseram-se a fazer uso do design gráfico como instrumento para mimetizar o estilo ou a estética de uma época. Trata-se do velho e bom resgate histórico de linguagens visuais passadas, frequentemente associado ao chamado design retrô. Diferentemente, porém, da nostalgia como fim em si mesma, os trabalhos aqui selecionados tiram partido da estilização como estratégia para enriquecer a apreensão do artefato. Ao unificar aparência e intenção por meio de uma roupagem adequada, o projeto pode revestir o objeto de maior densidade conceitual e acrescentar níveis adicionais de significação. Um bom exemplo é o cd do grupo de samba Casuarina, com projeto gráfico e direção de arte de Diogo Montes. Ao associar a banda, por meio de tipografia e fotografia, a um arquétipo visual de malandragem, botequim e Rio antigo, o designer situa tanto o estilo musical do grupo quanto sua opção pelo resgate de um determinado conceito de samba. De modo análogo, o projeto do escritório Máquina Estúdio para o livro *História natural de Pablo Neruda,* de autoria de Vinícius de Moraes, resgata por fac-símile o texto da primeira edição, usando as xilogravuras de Calasans Neto para acrescentar um senso visual do período em que o livro apareceu originalmente. Onde termina o passado e começa o presente? Com sutileza extrema —em se tratando de um país onde o modernismo nunca deixou de exercer sua autoritária influência sobre o design—, o projeto elaborado por Adriana Campos e Marise de Chirico para a mostra Alexander Kluge: o quinto ato faz uso inteligente da linguagem visual predominante à época de maior sucesso do diretor para caracterizar sua produção cinemática. Mesmo para quem nunca tenha assistido a um de seus filmes, a combinação de Helvetica e duotone já dá uma pista das proposições estéticas avançadas. Em ação antropofágica ainda mais explícita, o kit elaborado por Leandro Pitta Amorim para o projeto gráfico da exposição A utopia da modernidade: de Brasília à Tropicália, absorve as inovações gráficas e visuais do período estudado, principalmente por meio dos estudos gestálticos de letramento e da remissão à poesia concreta. Assim, o design da exposição dá continuidade à estética utópica daquele momento distante. Assumindo o resgate e a reciclagem como princípios, os projetos do *Almanaque anos 70* e *Almanaque anos 90,* de Marcelo Martinez, mergulham de cabeça na cultura contemporânea do corta e cola. Não há nada de novo no mundo da nostalgia, mas o designer merece reconhecimento por seu êxito na difícil tarefa de hierarquizar informações visuais por meio da colagem, princípio cada vez mais atual no mundo do Google e do Photoshop.

O GABINETE DE CURIOSIDADES DE DOMENICO VANDELLI

70 autoria: *Anna Paula Martins*

equipe: *Pesquisa e edição: Anna Paula Martins; Design: Luiza Marcier e Anna Paula Martins; Assistência: Juliana Wähner; Tratamento de imagens: Alessandro Ubezio; Assistente de pesquisa: Isadora Travassos; Marca: Marinho*

cliente: *Dantes Editora*

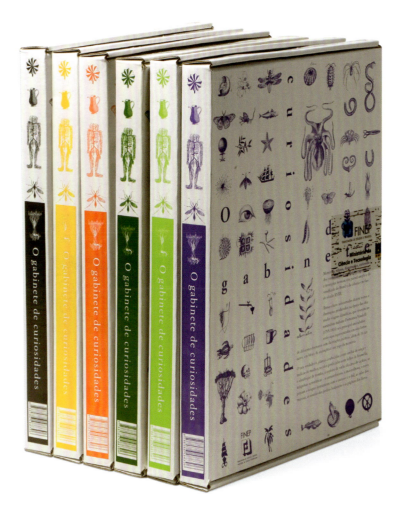

Design e Memória | 99

CD CASUARINA – 1º GRUPO DE SAMBA CASUARINA

71 autoria: *Diogo Montes*

equipe: *Direção de arte: Diogo Montes; Projeto gráfico: Diogo Montes; Design: Diogo Montes; Fotografia: Juliana Rezende; Manipulação digital: Diogo Montes*

cliente: *Grupo Casuarina*

MOSTRA – ALEXANDER KLUGE: O QUINTO ATO

72 autoria: *Diogo Montes*

equipe: *Direção de design: Adriana Campos e Marise de Chirico; Assistência de design: Juliana Kuperman e Nicole Ramos; Fotografia: Regina Schmecken; Curadoria: Jane de Almeida; Impressão: Geográfica (livro) e InSign (cartaz)*

cliente: *CCBB / Witz*

Anatomia do Design

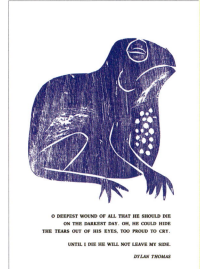

LIVRO
HISTÓRIA NATURAL
DE PABLO NERUDA

autoria: *Kiko Farkas | Máquina Estúdio*   **73**

equipe: *Direção de design: Kiko Farkas; Design: Elisa Cardoso; Diagramação: Caio Campana*

cliente: *Editora Cia das Letras*

MATERIAL GRÁFICO DA EXPOSIÇÃO A UTOPIA DA MODERNIDADE: DE BRASÍLIA À TROPICÁLIA

autoria: *Leandro Pitta Amorim | Café Arte Gráfica*   **74**

cliente: *Exposição "A Utopia da Modernidade: de Brasília à Tropicália"*

ALMANAQUE ANOS 70 E ALMANAQUE ANOS 90

75 autoria: *Marcelo Martinez / Laboratório Secreto*

equipe: *Projeto gráfico, edição de imagens e direção de arte: Marcelo Martinez; Design: Marcelo Martinez e João Ferraz; Assistência: Milena Benevento e Mariana Carvalho*

cliente: *Editora AGIR*

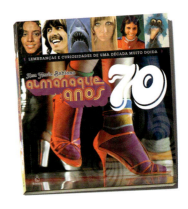

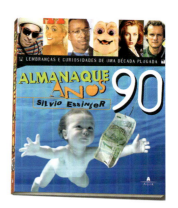

102 Anatomia do Design

Corta, cola, escaneia, imprime, copia, manipula, salva. Depois, manda atachado por e-mail. O mote da era digital conduz à lógica da reprodução, apropriação, recombinação e retroalimentação de linguagens. Fazer o novo do velho? Para os mais pessimistas, estamos numa época de mesmice e plágio, quando nada se cria e tudo se copia. Contra esse pessimismo nefasto, as evidências. Nenhum aspecto da presente categoria foi mais fértil do que os trabalhos que partiram da apropriação de linguagens visuais existentes para promover atualizações inesperadas ou transposições para outros suportes. Na seara do corta e cola, literalmente, Vicente Pessôa projetou uma série de azulejos decalcados das formas geométricas presentes na obra de Athos Bulcão. Criando padrões variados a partir do menor número possível de módulos, ele gerou um sistema de design de superfícies, ao mesmo tempo, sugestivo do passado e completamente inovador.

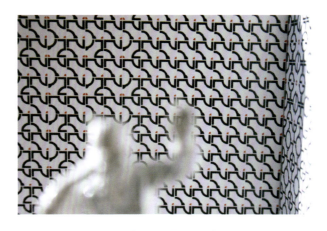

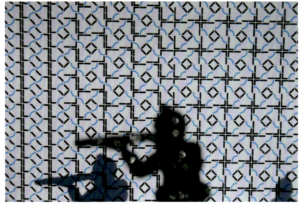

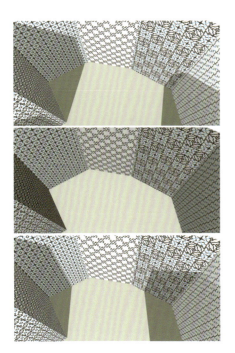

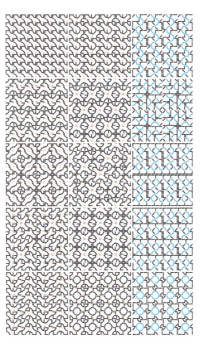

SUPERFÍCIE-MARCA

autoria: *Vicente Pessôa / Vicente Pessôa Design*

cliente: *Azulejarte*

76

Design e Memória   103

LADRILHOS DO BRASIL

77 autoria: *Iara Mol*

orientação: *Profa. Mariana Misk*

Trabalho de Conclusão da Graduação em Design

instituição: *Universidade do Estado de Minas Gerais - UEMG*

Também na área de revestimentos decorativos, Iara Mol criou a linha Ladrilhos do Brasil com novos padrões para ladrilhos hidráulicos. Com uma primeira coleção temática baseada nas formas da planta de café, a designer gerou um projeto leve e alegre, atualíssimo, mas com jeito de antigo, dialogando diretamente com uma tradição de profunda ressonância e uma linguagem de imediata aceitação para o público brasileiro. Esse projeto é, muito possivelmente, um dos melhores submetidos para a presente curadoria. Cabe o advérbio qualificador, porque pelo menos dois outros projetos rivalizam com esses ladrilhos em matéria de apropriação inspirada da memória como fator de resignificação. No conjunto de cartas de jogar intitulado O dia em que o cangaço virou baralho, José Ribamar Lins S. Junior tira partido da linguagem do cordel para transpor a peculiar lógica recombinante desse universo para um produto aparentemente sem ligação com a literatura. Ao fazer isso, o designer remete os baralhos à sua origem histórica na xilogravura, gerando uma aproximação tão poderosa quanto insuspeita.

O DIA EM QUE O CANGAÇO VIROU BARALHO

autoria: *José Ribamar Lins Sousa Junior | A Fábrica Comunicação*

equipe: *Direção de design, Design e Ilustração: José Ribamar Lins Sousa Junior; Texto de Cordel: Danilo Scarpa; Impressão: Murc Editora Gráfica Ltda.*

cliente: *Iniciativa de A Fábrica Comunicação*

Design e Memória

**REDESIGN
DA MARCA MOCOCA**

79 autoria: *Milton Cipis | Brander Branding Expression*

equipe: *Direção de design: Milton Cipis; Design: Haroldo Mozar e Sérgio Mello; Assistência: Maya Pope; Ilustração: DR2 Ilustrações; Produção: Cláudio Stepanies*

cliente: *Mococa*

Em nenhuma outra ação de design, o respeito ao passado faz-se tão vital quanto no redesenho de uma marca. Com boa pesquisa e muita delicadeza, a equipe liderada por Milton Cipis procedeu à elaboração de uma nova marca para o tradicional fabricante de laticínios Mococa. Eles acabaram aproveitando o desenho da vaca de uma embalagem antiga de 1957, gerando uma marca, ao mesmo tempo, nova e imbuída de um jeitinho tradicional, este completamente ausente da marca recém substituída. Uma solução elegante, de inquestionável felicidade. Fechando esse grupo de transposições inspiradas, a série de estampas "Baum", criadas por Diogo Lean e Júlia Rodrigues, adapta motivos presentes na arquitetura modernista para criar padrões aplicáveis à estamparia de moda. O resultado é uma linguagem gráfica original, inspirada não somente nas formas construtivistas, mas calcada também na lógica modular subjacente a esse movimento. Projeto tanto mais impressionante por se tratar de trabalho de conclusão de curso de estudantes.

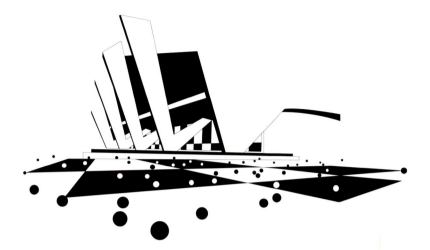

BAUM – ESTAMPAS ARQUITETÔNICAS

autoria: *Diogo Lean e Júlia Rodrigues*

orientação: *Profas. Julieta Sobral e Ana Luiza Morales*

Trabalho de Conclusão da Graduação em Desenho Industrial com Habilitação em Comunicação Visual

instituição: *PUC – Rio*

80

A natureza da linguagem visual parece ser alvo, cada vez mais, das atenções de designers que buscam superar os limites tradicionais do campo. Como adensar o discurso, fazendo coincidir temática e tratamento? Como extrair dos elementos constitutivos do suporte gráfico seu potencial máximo de expressividade? Um projeto realmente extraordinário apresentado nesse sentido é também trabalho de estudante. No livro *Subastiana: vestígios em ré menor,* Maló Moutinho cria um elegante exercício de experimentação gráfica, misturando texto e imagem, colagem e escrita, música e manipulação digital, para gerar um produto editorial que não é nem livro de memória, nem biografia, mas a exploração direta de uma vivência familiar por meio da linguagem visual. Com todo o candor de quem não mede a dificuldade da tarefa empreendida, a jovem designer definiu o problema enfrentado como o de "criar uma realidade transformada". O trabalho gerado ficou à altura desse imenso desafio. Outros dois livros são bons exemplos do feliz casamento entre objeto, projeto e linguagem. *Sol no céu da nossa casa*, projetado por Márcia Larica,

LIVRO SUBASTIANA VESTÍGIOS EM RÉ MENOR

81 autoria: *Maló Moutinho*

orientação: *Prof. Samuel Eller*

Trabalho de Conclusão da Graduação

instituição: *Universidade FUMEC*

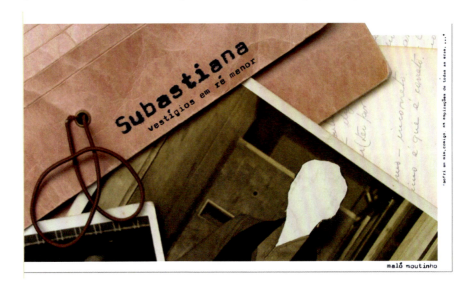

Anatomia do Design

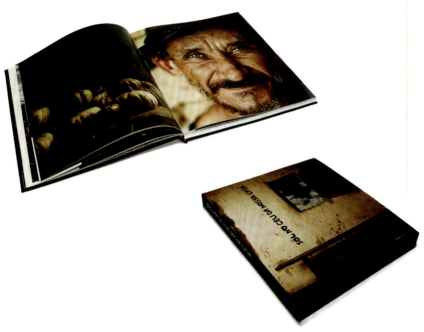

LIVRO SOL NO CÉU DA NOSSA CASA

autoria: *Márcia Larica / Estação Primeira de Design*

82

equipe: *Coordenação, direção e design: Márcia Larica; Fotografia: Márcio Rodrigues e Marco Mendes; Texto: Cláudia Camara; Coordenação de pesquisa: Marília Grecco; Assistência de produção: Paula Neves*

cliente: ODEBRECHT

tira partido do contraste entre o negrume de suas páginas e a expansividade de cálidos retratos sangrados em página inteira para gerar um ensaio visual sobre eletrificação rural no espírito da grande tradição fotográfica de Walker Evans, Dorothea Lange e outros "clássicos" americanos. Já no projeto de Gustavo Grecco, *Festas religiosas: inventário do distrito de Ouro Preto,* o destaque fica por conta dos detalhes e texturas (calendário encartado, registro cartográfico, capa especial) que fazem do livro uma festa interior, só para convidados gráficos.

LIVRO – FESTAS RELIGIOSAS INVENTÁRIO DOS DISTRITOS DE OURO PRETO

autoria: *Gustavo Greco / Greco Design*

83

equipe: *Direção de design: Gustavo Greco; Design: Gustavo Greco e Tidé; CD-ROM: Mariana Julião*

cliente: *Memória Arquitetura*

Design e Memória

EXPOSIÇÃO DESCUBRA O CINEMA BRASILEIRO

84 autoria: *Bruno Porto*

equipe: *Curadoria e projeto gráfico: Billy Bacon e Bruno Porto; Webdesign: Itamar Medeiros; Vinhetas: Agatha Lee; Edição de vídeo: Petter Eldin; Textos: Billy Bacon, Bruno Porto, João de Mendonça Lima Neto e Ricardo Leite; Tradução: Daniela Zhu*

cliente: *Consulado Geral do Brasil em Xangai*

A grande maioria dos trabalhos discutidos até agora faz alusão a experiências e vivências passadas para evocar uma resposta particular do usuário presente. Existe, ainda, um outro aspecto dos projetos selecionados, digno de fechar essa incursão pelo universo do "Design e Memória". Houve algumas iniciativas voltadas para o registro e a preservação da produção atual, aquilo que será a memória gráfica de amanhã. Um bom exemplo é a exposição de cartazes Descubra o cinema brasileiro, organizada por Bruno Porto e Billy Bacon, a qual levou para a China uma inédita e impressionante coleção de cartazes de cinema, projetados por trinta designers brasileiros. O catálogo gerado, contendo imagens desses cartazes, constitui um primoroso registro da produção brasileira contemporânea.

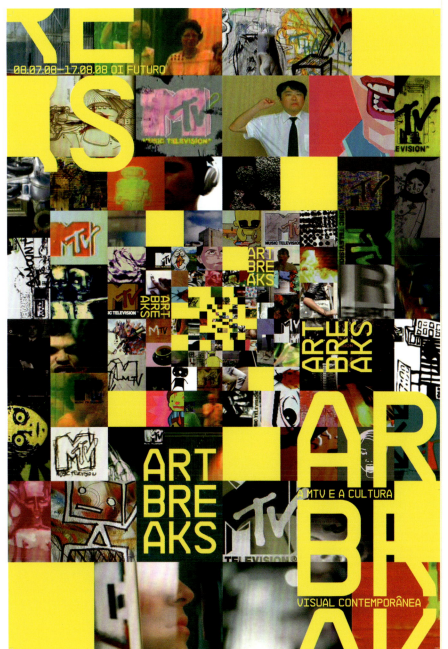

CATÁLOGO ART BREAKS

autoria: *André Stolarski / Tecnopop*

equipe: *Direção de design: André Stolarski; Design: Theo Carvalho; Assistência: Fernando Rocha*

cliente: *Exposição Art Breaks: a MTV e a cultura visual contemporânea*

**COLEÇÃO ITAÚ
CONTEMPORÂNEO –
A ARTE NO BRASIL
1981–2006**

86 autoria: *Itaú Cultural*

equipe: *Direção de design: Yoshiharu Arakaki; Design: Yoshiharu Arakaki; Fotografia: Cristiane Beneton (abertura de capítulos) e João L. Musa*

cliente: *Itaú Cultural*

Outros dois trabalhos dialogam na fronteira, cada vez mais extensa e fecunda, entre design e artes visuais. O catálogo Art breaks, criado pela Tecnopop, registra e analisa as vinhetas da MTV brasileira, destrinchando sua influência sobre o imaginário visual contemporâneo. Outro catálogo, Coleção Itaú contemporâneo: Arte no Brasil, 1981–2006, com design de Yoshiharu Arakaki, lança mão de uma linguagem gráfica atual e concisa para situar uma coleção de difícil apreensão, pela própria natureza arrojada e idiossincrática das obras que a compõem. Nesses encontros entre design e arte, os dois campos se redefinem mutuamente, um medindo contra o outro os limites dialéticos de ordem e desordem, ambas necessárias para qualquer criação. Dessa hibridez nascerá o design do futuro, para o qual a presente seleção será apenas uma memória.

112   Anatomia do Design

IMAGENS
MEMÓRIA GRÁFICA

Para encerrar a celebração do feliz encontro entre design e memória, a curadoria selecionou o portal "Memória Gráfica Brasileira" coordenado por Julieta Costa Sobral, para participar desta categoria na condição de projeto convidado. Ao empreender a digitalização da obra de J. Carlos realizada nas revistas *Para Todos* e *O Malho* entre 1922 e 1931 —cerca de 58 mil imagens, ao todo— e disponibilizar o acesso a esse material gratuitamente online, o MGB dá importante contribuição ao processo de resgatar a memória histórica do próprio design. A abertura desse portal para outros pesquisadores é um convite para a preservação da história do design brasileiro. Que o design é capaz de despertar a memória, todos já sabem. Resta lembrar que a construção e transformação da memória é um processo contínuo, culminando com sua consagração como história. Cabe aos designers valorizarem o passado do campo em que atuam, até como forma de garantir que gerações futuras possam fruir dos valores culturais que mais prezamos no presente. Design também é patrimônio, e merece ser preservado.

PORTAL MEMÓRIA GRÁFICA BRASILEIRA

autoria: *Julieta Sobral* 87
www.memoriagraficabrasileira.org

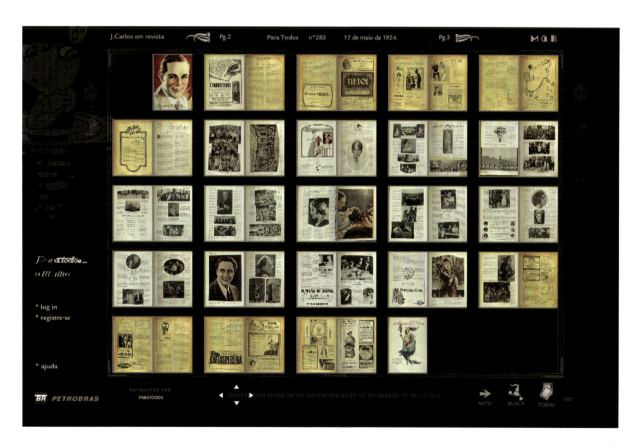

POPULAR, REGIONAL, VERNACULAR

5

Fátima Finizola

CAPÍTULO 5 Popular, Regional, Vernacular

Fátima Finizola

O design gráfico se inspira, cada vez mais, na cultura popular, como uma forma de resgatar as origens simbólicas que permeiam as identidades de determinados grupos de pessoas, cidades ou regiões. Reflete o olhar atento do designer capaz de observar a essência da linguagem visual anônima das ruas, das comunidades, assim como o que há de mais autêntico nos quatro cantos do Brasil, e que transpõe e traduz essa riqueza visual para a prática do design formal, unindo-a às novas tecnologias de produção e às novas estéticas do design.

Valoriza também o que há de mais legítimo na diversidade das manifestações e da cultura material de todo o país, como as xilogravuras nordestinas, os letreiros populares, os grafites paulistas, o kitsch, a diversidade do folclore e das paisagens, traduzidos em formas visuais, texturas, cores, matérias-primas, sem necessariamente fazer um "tráfico" de imagens para o design.

Da mesma forma como podemos identificar ritmos musicais típicos de cada região do Brasil, como o forró, o brega, o funk, o samba e o reggae, também podemos perceber uma pluralidade de repertórios visuais que coexistem na nossa cultura, fruto da miscigenação entre os diversos povos que construíram a história do Brasil. Cabe ao designer transformá-los em novas linguagens visuais que traduzam e reforcem a identidade cultural do nosso país.

O pós-moderno e a valorização de novas estéticas

A década de 1960 trouxe novos paradigmas para a prática projetual do design no Brasil e no mundo, à medida que começa a surgir um movimento contrário ao funcionalismo e ao Estilo Internacional, herdados da Bauhaus e, posteriormente, da Escola de ULM. O pós-moderno retoma o experimentalismo de movimentos modernos das décadas anteriores, unindo-o às novas tecnologias disponíveis.

O ensino oficial do design no Brasil é instituído em 1963 com a criação da ESDI — Escola Superior de Desenho Industrial no Rio de Janeiro, que apresentava, em seu currículo, referenciais de mestres

1. Cardoso, R. *Uma introdução à história do design*. São Paulo: Blucher, 2008.

2. Dones, V. L. As apropriações do vernacular pela comunicação gráfica. *Anais do P&D Design 2004*. São Paulo: FAAP, 2004.

e processos criativos que possuíam, na maioria das vezes, uma matriz modernista, importada da Europa.

Porém, nesse cenário surgem também outros movimentos de cunho nacionalista, que, aos poucos, levantam a bandeira de um design inspirado em nossa cultura local. A Tropicália, por exemplo, surgida em 1968, além de ser reconhecida nacionalmente como marco para a música brasileira, traz também novos preceitos para o design gráfico, no momento em que começa a retratar em suas peças gráficas elementos da cultura nacional.

O movimento Armorial surge em Recife em 1970 com o objetivo de construir uma arte erudita a partir de elementos da cultura popular do nordeste. A sua diversificada produção cultural em várias áreas, como teatro, música, poesia, contempla também as artes gráficas, a exemplo das iluminogravuras e do alfabeto de ferros de marcar boi, criados por Ariano Suassuna. Paralelamente, no início da década de 1970, despontam também alguns outros grupos de designers de mobiliário que buscam agregar a sua produção matérias-primas locais, bem como formas que remetessem à cultura brasileira, na busca da criação de uma identidade nacional para nosso mercado de produtos.

Segundo Cardoso (2008)[1], a partir da década de 1980 surge uma nova geração de designers brasileiros, relativamente livre das prescrições de décadas passadas, que parece reconhecer a importância de redescobrir e reinventar os elementos formais, informais da tradição nacional de design. A introdução do computador como nova ferramenta de trabalho dos designers gráficos favoreceu ainda mais esse cenário, potencializando esses novos experimentos gráficos. O desktop publishing permitiu ao design experimentar e mixar as mais diversas linguagens do meio analógico e do digital, transpondo os limites rígidos da estética funcionalista por meio de layouts mais fluidos e complexos, montados a partir de númeras camadas de informações visuais.

A era digital e as novas tecnologias trouxeram consigo também uma tendência para o desenvolvimento de projetos baseados em transposições estéticas, do passado para o presente, do concreto para o virtual. Uma verdadeira onda de revisitações e resgates históricos se instaura. Linguagens visuais de movimentos das artes gráficas que marcaram época no passado ou linguagens espontâneas encontradas nas ruas são mescladas às linguagens gráficas do presente, sendo utilizadas e reutilizadas, reconstruídas pelos atuais processos criativos digitais.

Segundo Dones (2004), o livre acesso a esses programas possibilitou ainda a recuperação do vernacular que transita "ao lado" do design gráfico oficial, encontrando um espaço no campo da comunicação gráfica da cultura contemporânea como forma de enquadramento e de inclusão, sem preconceitos e sem hierarquias.[2]

Assim, a categoria popular, vernacular e regional procura despertar os profissionais de design para uma integração entre o design formal, proveniente das universidades e escritórios de design, àquele design espontâneo, originado de uma massa anônima, com a finalidade de construir e legitimar um design brasileiro, caracterizado por uma forte identidade cultural, proporcionando uma constante troca de experiências e soluções projetuais entre outros povos e culturas.

Design e circularidade cultural

Diante das intensas transformações do mundo moderno, observa-se que tradições e costumes têm se perdido em meio à avalanche de informações em que estamos imersos, num crescente movimento de homogeneização cultural em que pessoas de toda parte do mundo têm a oportunidade de consumir a mesma cultura amplamente difundida pelos meios de comunicação, principalmente pela internet.

O design como discurso, espelha esse fenômeno cultural ao mesmo tempo em que colabora também para a construção e transformação constante desse paradigma. Como um codificador de mensagens visuais, o designer gráfico estabelece um diálogo contínuo entre os símbolos da cultura dominante e da cultura periférica que se encontra à margem do sistema oficial. Esse diálogo integra um fenômeno maior que o historiador e antropólogo Ginzburg define como circularidade cultural, um processo recíproco de constantes trocas e interações entre a cultura oficial e a popular, entre a central e a periférica.

Ao trazermos o conceito de circularidade cultural para o campo do design observamos que nesse processo contínuo de troca de experiências, duas linhas projetuais interagem: um design com estilo mais universal e outro mais carregado de influências da cultura local.

De um lado encontra-se o design que traz reminiscências do "Estilo Internacional", baseado nos princípios da "boa forma" em que a forma é determinada pela função. Sua estética se constrói por meio de um estilo impessoal, que não tem interesse em carregar consigo valores, significados e símbolos de uma cultura, mas, sim, atingir a perfeição formal por meio da eficiente integração entre as formas projetadas e os usuários, bem como otimizar os processos industriais de produção. Trata-se de uma tendência globalizadora do design, que também pode ser percebida, com uma nuance um pouco diferente, naqueles projetos que apresentam uma linguagem gráfica ligada a modismos de época, que percorrem vários países com suas devidas adaptações.

Do outro lado, encontra-se uma segunda corrente, de cunho mais regionalista, que traz consigo a preocupação com a identidade cultural da produção de design, buscando aliar o background da cultura e da tradição às mais modernas tecnologias para produzir um design bem relacionado com seu contexto social e voltado para as necessidades de seu público, peculiares a seu território. É um design com maior preocupação social, que não ignora as grandes contribuições perpetuadas por muitos anos por meio do saber popular

3. Villas-Boas, A. Identidade e cultura. *Rio de Janeiro: 2AB Editora, 2002.*

4. Dones. *Op. cit.*

e procura promover as relações de troca entre culturas.

Do mesmo modo como a cultura das classes dominantes, por muitas vezes, impõe-se à cultura popular, a circularidade cultural corre o risco de acarretar uma crescente despersonalização das diversas manifestações regionais de design a favor de um design internacional de características impessoais e universais. Cabe a nós, designers, encontrar o ponto de equilíbrio ideal entre essas duas tendências, a fim de não deixar se perder o que há de mais original em cada cultura, participando, sim, da globalização, mas não uma globalização que pasteuriza, mas aquela que permite uma rica troca de experiências entre as particularidades de cada povo.

Compreendendo o popular, regional e vernacular

O design gráfico pode ser utilizado como importante instrumento de integração e valorização social, capaz de aproximar a tão elitizada profissão do design da cultura proveniente das classes mais excluídas da sociedade, incorporando um papel de difusor também de elementos da contracultura. A busca da inspiração para muitos projetos de design gráfico no vernacular, no popular e no regional, pode resultar em um design com maior identidade nacional que reflete a pluralidade de raízes culturais de nosso povo.

Segundo Villas-boas (2002)[3], o design gráfico tem a capacidade de dessemantizar e articular elementos pertencentes a outros contextos culturais, fazendo esses elementos assumirem novos significados. Nesse recorte sobre a produção contemporânea brasileira, podemos observar como o design faz essa releitura de signos e imagens, do popular, regional e vernacular para o design formal. Porém, para compreendermos melhor esse processo, é interessante definirmos esses três universos, apontando suas características, pontos em comum e disparidades.

O design inspirado no popular reflete tudo aquilo que é produto das classes populares —a cultura popular – bem como expressões da cultura amplamente difundidas pelo povo e para o povo— a cultura de massa. O popular abrange o universo de produtos industriais e culturais consumidos ou gerados pela grande massa da população. Não descartando também aqueles hábitos que foram inicialmente impostos pela cultura dominante e mais tarde incorporados na cultura local. O design gráfico inspirado no popular também é um espelho da cultura material das classes populares bem como dos ambientes e paisagens em que estão inseridas.

A utilização do termo vernacular é empregada para definir aqueles artefatos autênticos da cultura de determinada região, geralmente produzidos à margem do design oficial.

Dones (2004)[4] observa que antes do aparecimento da cultura impressa, as linguagens europeias eram consideradas línguas vernáculas, em contraste com o latim e o grego oficial, usadas pelas classes instruídas. O termo vernacular sugere a existência de linguagens visuais e idiomas locais, que remetem a diferentes culturas. Na comunicação gráfica, corresponde às soluções gráficas, publicações e sinalizações ligadas aos costumes locais produzidos fora do discurso oficial.

Lupton (1996)[5] ressalta que o vernacular não deve ser visto como algo "menor", marginal ou antiprofissional, mas como um amplo território em que seus habitantes falam um tipo de dialeto local (...). Não existe uma única forma vernacular, mas uma infinidade de linguagens visuais, (...) resultando em distintos grupos de idiomas.

Assim, o design com influência do vernacular é aquele que provém diretamente das tradições culturais de cada povo, que são passadas adiante, de geração em geração, de maneira informal.

Por fim, o design gráfico de inspiração regional valoriza costumes e tradições locais, enfatizando suas qualidades, expressando o que é característico de uma região por meio de soluções próprias e do emprego de materiais e técnicas locais. O regional configura especificamente uma tradição vinculada a um território que possui forte identidade cultural. O regional pode se confundir muitas vezes com o vernacular, pois ambos estão ligados a uma localidade específica, porém, o regional engloba também hábitos que foram incorporados em determinada região, mas que podem advir de outros contextos, outras culturas, nem sempre produzidos fora do discurso oficial.

Essas três fontes de inspiração podem se combinar e interagir entre si, dando origem a projetos que se encontram suspensos entre uma e outra categoria.

Mixes e remixes | as apropriações das linguagens da periferia

Ao lançar um olhar despretensioso sobre o conjunto de projetos que foram selecionados para a 9ª Bienal de Design Gráfico, podemos perceber alguns indícios de como se dá esse processo de apropriação e tradução do repertório visual encontrado no popular, no regional e no vernacular para a prática do design formal.

Podemos distinguir, a princípio, três grandes grupos: primeiro, aqueles que fazem releituras ou transposições de elementos visuais presentes na linguagem gráfica vernacular ou popular de determinada região e propõem novas aplicações e utilizações; segundo, aqueles que registram por meio de imagens, cores, texturas e formas, fragmentos de ambientes que fazem parte do nosso entorno; e, por fim, os projetos que não trazem consigo nenhum vínculo visual direto com o popular, o regional ou o vernacular, mas que abordam conceitualmente o tema, com uma linguagem gráfica estranha àqueles ambientes de origem. Cada uma dessas metodologias projetuais têm seu mérito específico, o que nos impede de apontar um caminho como melhor ou menor. O que une esses designers é a opção por valorizar, de uma forma ou de outra, elementos da cultura brasileira, proporcionando uma reflexão maior entre aqueles que irão consumir esses produtos acerca da verdadeira identidade nacional de nosso design.

5. Lupton, E. Mixing messages: graphic design in contemporary culture. Nova York: Princetown Architetural Press, 1996.

No papel de reprocessador dos símbolos e das linguagens visuais produzidas espontaneamente à margem da cultura oficial, e, por que não, do design oficial, o designer integra ao seu projeto letreiramentos populares, encontrados nos subúrbios e periferias das cidades, a estética das xilogravuras que estampam as capas de folhetos da literatura de cordel, tão populares na região nordeste do país. Utiliza-se também de restrições técnicas como o uso de poucas cores ou de recursos de impressão de baixa tecnologia, como a serigrafia presente nos lambe-lambes. Também opta pela seleção de suportes de impressão, mais rústicos e populares como o papel Kraft e similares.

Com um olhar perspicaz, o designer gráfico se coloca no papel de observador atento do seu entorno que busca registrar em sua obra, peculiaridades do ambiente em que está inserido, assim como fragmentos fotográficos da produção efêmera e espontânea de "designers anônimos" provenientes do povo, antes que se percam na fugacidade e no movimento de constante metamorfose das metrópoles. Esse design é capaz de enxergar a riqueza que se esconde nos detalhes dos microcosmos que constituem as cidades e periferias, atuando também como importante instrumento de registro histórico da cultura e de hábitos.

Ainda com um papel de codificador de informações, o design gráfico também pode atuar em um nível mais conceitual, usando como ponto de partida para o desenvolvimento de projetos, temáticas oriundas de hábitos, fenômenos e comportamentos presentes em cada região, sem necessariamente ter de se utilizar das linguagens visuais legitimamente populares.

Foi interessante perceber também que muitos designers tentam explorar em seus projetos linguagens visuais que não são originárias da própria região em que estão inseridos, proporcionando, por vezes, interessantes releituras e aplicações inusitadas que não foram percebidas por aqueles designers que estão imersos nesses universos.

Por fim, observando a recente produção brasileira de design notamos que ela reflete o grande caldeirão cultural que representa nosso país, formado pela mistura de índios, europeus, negros, entre tantos outros imigrantes dos mais diversos países que aqui aportaram. A nossa identidade reside justamente nessa grande mistura de estilos que coexistem no nosso extenso território. A circularidade cultural favorece essa rica troca de experiências entre essas culturas, permitindo que, por vezes, o erudito se torne popular, e que o popular seja assimilado pela linguagem oficial, tornando-se também erudito.

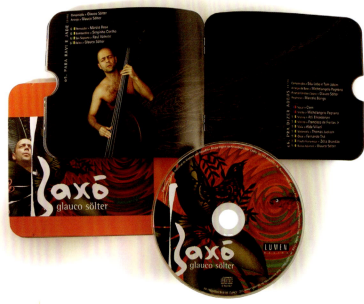

CD BAXÔ
GLAUCO SOLTER

88 equipe: *Criação: Karine Mitsue Kawamura, Silvio Silva Junior e Guido Lautert Dezordi; Fotografia: Sossélia, Karine Mitsue Kawamura e Silvio Silva Junior | Lumen Design*

cliente: *Glauco Solter*

O CD Baxô retrata fragmentos da vida urbana por meio de fotografias, bem como apresenta elementos que remetem à gráfica vernacular presente nas xilogravuras, aplicando também texturas visuais a partir de um novo tratamento dado a materiais coletados no universo popular.

122 Anatomia do Design

PARANGOLÉ

autoria: *Theo Carvalho / Tecnopop*

equipe: *Direção de design: André Stolarski; Design: Theo Carvalho; Assistência: Felipe Kaizer*

cliente: *Secretaria das Culturas – Prefeitura da Cidade do Rio de Janeiro*

A marca elaborada para o Prêmio Parangolé, que tem o intuito de resgatar a inventividade dos carnavais de rua, premiando escolas de samba do Rio de Janeiro, é um exemplo interessante de como podemos trazer elementos do cotidiano, presentes num ambiente popular, como o tradicional comércio do centro da cidade ou mesmo uma feira de troca-troca, para o design formal. A solução adotada rendeu uma colagem tipográfica montada a partir de objetos provenientes da cultura material do povo.

LIVRO SÃO PAULO, CIDADE LIMPA

90 autoria: *Gustavo Piqueira e Marco Aurélio Kato / Rex Design*

cliente: *Editora Rex Livros*

Apesar de apresentar um tratamento gráfico desprovido de referências diretas a elementos regionais e vernaculares o livro Cidade limpa *é um importante registro fotográfico de "adaptações" e gambiarras feitas por pequenos comerciantes paulistanos diante da Lei Cidade Limpa, que regulamentou o uso das fachadas em São Paulo, em 2007, criando um consistente painel do design ambiental praticado hoje em dia por "não designers".*

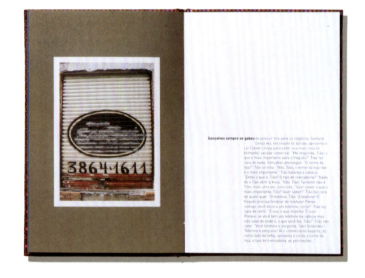

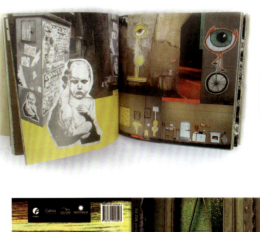

NA RUA: MODA, PÓS-GRAFITE E VESTÍGIOS

autoria: *Juliana Pontes*   91

equipe: *Direção de design: Juliana Pontes; Design: Juliana Pontes e Fernanda Camargo; Colagens digitais: Juliana Pontes, Fernanda Camargo e Cristiane Araújo; Fotografia: Juliana Pontes, Cássia Macieira, Ana Paola Araújo, Weber Pádua e Fernanda Camargo; Produção gráfica: Juliana Pontes e Fernanda Camargo*

cliente: *Iniciativa do designer*

O livro é um registro das manifestações espontâneas da arte urbana por meio do sticker (pós-grafite). A obra faz um registro inédito dos stickers vistos na cidade de Belo Horizonte entre os anos de 2006-2007, além de apresentar o design de superfície associado ao urbano e à moda, sem perder o caráter de registro.

POSTAL CARIOCA

autoria: *Bruno Porto*   92

equipe: *Bruno Porto (design e fotografia)*

cliente: *Iniciativa do designer*

O cartão postal Carioca apresenta uma montagem com fotografias de letreiros de Copacabana retratando a diversidade tipográfica do bairro carioca, antes que placas e fachadas tradicionais se percam por meio da substituição por novos modelos.

Popular, Regional, Vernacular

CARDÁPIO CAFÉ CASA COR 2006 E FONTE

93 equipe: *Direção de design: Gustavo Saiani e Rodrigo Saiani; Design: Gustavo Saiani e Rodrigo Saiani; Ilustração: Rodrigo Saiani; Redação: Ana Luiza Rabelo e Aquim; Serigrafia: Copa Silk | Niramekko*

cliente: *Café Casa Cor 2006*

O projeto do Cardápio do Café Casa Cor 2006 procurou trazer um pouco da espontaneidade da cultura popular brasileira para o universo da arquitetura. Foi desenvolvida uma fonte especial para o cardápio inspirada nos letreiramentos populares, bem como se optou por utilizar materiais rústicos como suporte e técnicas de impressão de baixa tecnologia, como a serigrafia.

126 Anatomia do Design

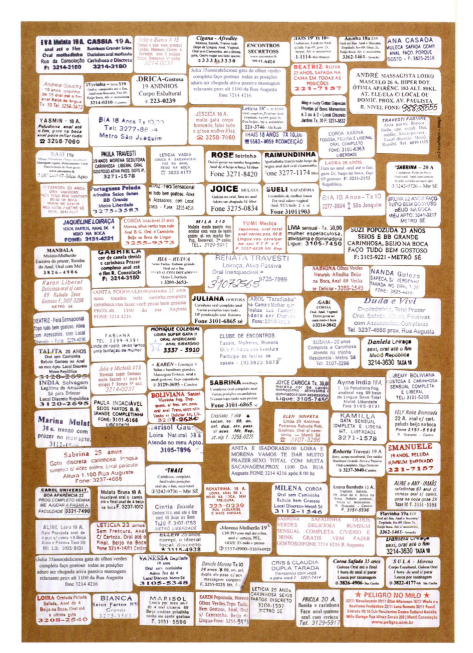

PELIGRO NO MILO ANO 2

autoria: *Flávia Nalon / ps.2 arquitetura + design*

equipe: *Direção de design: Fábio Prata e Flávia Nalon; Assistência: Silvia Sanae*

cliente: *Peligro Discos*

O cartaz da festa Peligro Discos, realizada no Milo Garage, casa que enfatiza a produção musical independente, fora do circuito comercial, apresenta uma apropriação da linguagem gráfica tipicamente urbana e particular da cidade de São Paulo, transferindo-a para um novo suporte. A composição é feita a partir de uma coleção de etiquetas carimbadas coladas por prostitutas em telefones públicos, em que a etiqueta anunciando a festa aparece entre as demais, induzindo o público à leitura das originais ao procurá-la. A divulgação do evento também foi feita a partir de adesivos colados em telefones públicos, replicando a mesma estratégia de comunicação utilizada pelas prostitutas.

LIVRO DE RECEITAS CIRCUITO NUTRIÇÃO E SAÚDE

95 autoria: *Márcio Barbalho / Torchetti Design*

equipe: *Direção de design: Márcio Barbalho e Virgínia Queiroz; Projeto gráfico: Márcio Barbalho; Design: Naraiana Peret; Assistência: Diogo Oliveira; Ilustração: Thiago Mazza; Redação e revisão: Luiz Gustavo Linhares; Atendimento: Renata Coutinho*

cliente: *FIAT Automóveis*

O livro de receitas Circuito nutrição e saúde *remete ao tema popular por meio de um projeto gráfico ilustrado com elementos presentes na cozinha brasileira, porém, com uma linguagem gráfica nova, desprovida de traços vernaculares. O livro foi embalado num saco, similar ao usado em frutas vendidas na rua, e unido a um avental dentro de uma sacola de feira.*

CONVITE DE FORMATURA

equipe: *Projeto gráfico: Carolina Perucci, Mariana Guimarães Brandão e Sérgio Freitas; Fotografia: Clifford Simak, Eduardo Costa, Juliano Sacramento, Leonardo Horta e Luiz Fonseca; Textos: Juliano Augusto Cornélio | Supergrupo e Agência Uai*

96

cliente: *Iniciativa dos formandos do curso de Programação Visual*

instituição: *Escola de Design da Universidade do Estado de Minas Gerais - UEMG*

O convite de formatura para alunos do curso de programação visual se inspirou no universo das feiras livres para compor o layout que reflete a riqueza de cores e texturas, encontrados nesse universo, bem como simula as formas de comunicação utilizadas nesse ambiente, como placas e cartazetes com letreiramentos populares.

Popular, Regional, Vernacular

CONVITE E RELEASE DESFILE RONALDO FRAGA SPFW

97 autoria: *Fabiana Ferraresi / Designlândia*

equipe: *Direção de Design: Fabiana Ferraresi e Paola Menezes; Designers: Fernanda Barbato, Ho Chich Min e Ieda Shingai; Iconografia: Ronaldo Fraga*

cliente: *Ronaldo Fraga*

O convite Ronaldo Fraga - São Paulo Fashion Week, traduz o conceito da coleção do estilista brasileiro, que resgata história, lendas, características e imagens da região da Bacia Hidrográfica do Rio São Francisco, por meio de um projeto ousado que transfere para a linguagem gráfica bidimensional uma forma típica de embalagem popular presente nas feiras e mercados públicos.

130   Anatomia do Design

BRINDE PS.2 2007/2008

equipe: *Direção de design: Fábio Prata e Flávia Nalon; Design: Fábio Prata, Flávia Nalon e Guilherme Falcão; Assistência: Carolina Scagliusi | ps.2 arquitetura + design*

cliente: *ps.2 arquitetura + design*

Esse é outro exemplo de projeto gráfico que nos remete ao popular e regional apenas por sua temática, porém com uma releitura visual bem distante do seu universo de origem. O conceito do brinde auto-promocional, que traz um jogo de pôsteres com diversas funções, como papel de presente, adesivos de/para, cartão, envelope e barco para montar, partiu de superstições e crendices populares da cultura brasileira para a noite do ano novo, como comer lentilhas e carne de porco, usar roupa íntima colorida, mandar oferendas para Iemanjá etc.

BRINDES
SANDRA & MARCIO

99 autoria: *Gustavo Greco | Hardy Design*

equipe: *Direção de design: Gustavo Greco; Design: Tidé, Fernanda Monte Mor, Bruno Nunes e Ana Luiza Lino.*

cliente: *Sandra e Márcio*

Uma série da cartões de fim que explora o imaginário mineiro. Através de recursos de faca e impressão monocromática, oratórios e presépios podem ser enviados por correio como cartão de boas festas.

IDENTIDADE VISUAL
ESPAÇO PINDORAMA

100 autoria: *Gustavo Piqueira e Marco Aurélio Kato | Rex Design*

cliente: *Espaço Pindorama*

Para a identidade visual do espaço para festas infantis Pindorama, a Rex Design optou por reutilizar a linguagem visual do cordel, para caracterizar o estabelecimento com uma proposta mais lúdica e humanizada, na contramão dos "fast foods" de festas infantis que invadem as cidades. Mesmo fazendo livre apropriação de ilustrações, bem como dos letreiros das capas dos cordéis, a transposição desses elementos foi realizada de forma curiosa, a partir de um novo tratamento cromático incomum nas xilogravuras dos cordéis nordestinos.

IDENTIDADE VISUAL DO 3º SEMINÁRIO INTERNACIONAL DE COMPORTAMENTO E CONSUMO

autoria: *Rafael Ayres / Pós Imagem Design*

equipe: *Direção de design: Rafael Ayres; Design: Ana Amélia Martino e Débora Klippel; Produtor gráfico: José Flávio; Montagem da exposição: YA*

cliente: *SENAI / CETIQT - Centro de Tecnologia da Indústria Química e Têxtil*

A identidade visual do 3º seminário internacional de comportamento e consumo busca representar o Brasil no cenário globalizado, no que tange à estética e à comunicação ligados ao comportamento e ao consumo. A partir de uma marca já existente, foi desenvolvida uma identidade visual que valoriza a chita como elemento da cultura brasileira. É interessante observar que a chita não foi apenas transposta tal e qual se encontra no seu universo de origem, mas, sim, desconstruída e utilizada também em versões em preto e branco e em aplicações mais sofisticadas.

Popular, Regional, Vernacular

ARMORIBATS 1 e 2

102 autoria: *Buggy Costa | Tipos do aCASO*

equipe: *Buggy e Matheus Barbosa*

cliente: *Iniciativa do próprio designer, Tipos do aCASO*

O projeto tipográfico das fontes dingbats Armoribats 1 e 2 se baseia na iconografia do Movimento Armorial originado em 1970 no Recife. A partir da releitura erudita de tradições populares, porém, com uma linguagem gráfica presente na estética armorial, foi desenvolvido um sistema de ícones mais representativos do movimento.

CD BANDA LARGA CORDEL

autoria: *André Lima | Tecnopop* **103**

equipe: *Direção de design: André Stolarski; Design: André Lima e Rafael Alves*

cliente: *Gegê Produções*

O CD Banda Larga Cordel combina símbolos contemporâneos de tecnologia e conectividade com a xilogravura, típica da literatura de cordel, buscando sintetizar visualmente duas ideias díspares presentes no título do disco. Para elaboração do projeto gráfico, matrizes xilográficas foram feitas manualmente a partir de uma família de ícones tecnológicos redesenhados.

LIVRO MARIA DO MATUÉ, UMA ESTÓRIA DO RIO SÃO FRANCISCO

autoria: *Mariana Hardy | Hardy Design* **104**

equipe: *Direção de design: Mariana Hardy; Design: André Coelho e Lucas Costa; Gerente do projeto: Fabiana Bessa; Diretora de planejamento: Cynthia Massote; Produtora gráfica: Bete Oliveira*

cliente: *Tavinho Moura*

Aqui, outro projeto que remete à estética da xilogravura e do cordel, porém, a partir de ilustrações customizadas especialmente para o projeto gráfico do livro. O uso de suportes mais rústicos, uma paleta de cores restrita ao preto e branco, bem como de uma fonte digital criada a partir de letreiramentos populares – a 1 Rial –, reforçam o diálogo com o contexto da própria história que valoriza a cultura popular das margens do Rio São Francisco.

OBIKAWA KAIAPÓ
(FAMÍLIA KAIAPÓ)

105 autoria: *Fabiana Zanin | GOGO*

equipe: *Criação, direção de arte e projeto gráfico: Fabiana Zanin; Fotografia: Rui Fachini; Projeto: Menire Carmem Figueiredo*

cliente: *Sandra Silveira*

Os cartazes desenvolvidos para o lançamento da coleção de sapatos da marca Sandra Silveira (2007/2008), refletem a temática indígena explorada na coleção, desenvolvida em tecido com estampas inspiradas na pintura corporal das Índias Kaiapó. Os cartazes, feitos em serigrafia, e colados na parede da loja como um lambe-lambe, têm o objetivo de transformar a imagem dos índios em arte, assim como o seu trabalho, além de legitimar a cultura indígena como parte importante da cultura brasileira.

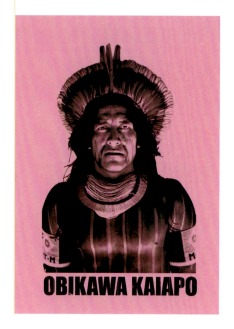

LIVROS FAVELA É ISSO AÍ

106 autoria: *Hardy Design*

equipe: *Direção e design: Cláudio Santos e Alessandra Soares; Design: Max Duarte e Natalia Ribeiro; Produção gráfica: Alessandra Soares e Bete Oliveira*

cliente: ONG *Favela é isso aí*

Os livros da série Favela é isso aí, *são resultado das atividades artísticas e culturais dos moradores de vilas e favelas, contribuindo para a inserção social, construção da cidadania e melhoria da qualidade de vida dessas comunidades. O projeto gráfico incorpora fotos, ilustrações e textos de autoria dos artistas inseridos nesses ambientes, e sua identidade visual também é composta por um logotipo que traz referências visuais ao popular e regional.*

JOGO – WAR IN RIO

autoria: *Fábio Lopez*   107

equipe: *Criação: Fábio Lopez, Fotografia: Leonardo Conrado*

Por fim, o jogo War in Rio propõe uma crítica social elaborada por meio de uma ferramenta de design, manifestando de forma satírica e irônica a inconformação com a violência urbana vivida na cidade do Rio de Janeiro. O projeto gráfico apresenta um jogo de tabuleiro, parodiando o clássico War, substituindo países e continentes por favelas e regiões da cidade do Rio de Janeiro. Apesar de utilizar uma linguagem gráfica universal, a relevância do projeto está no papel crítico que o designer pode assumir diante dos problemas sociais do seu entorno.

Popular, Regional, Vernacular   137

6 DESIGN E INTERFACES AUDIOVISUAIS

Mateus de Paula Santos

CAPÍTULO 6
Design e Interfaces Audiovisuais

Mateus de Paula Santos

Dentro do panorama atual do design gráfico, a área de atuação que envolve mídias audiovisuais é a que se encontra mais diretamente ligada às inovações tecnológicas que vêm surgindo, em um ritmo a cada dia mais intenso, no campo da comunicação digital. Suportes e formatos se multiplicam, a velocidade do fluxo de dados aumenta exponencialmente, em um processo que, de modo geral, imprime grandes exigências sobre o designer que busca se manter a par desse progresso constante, que se espalha em direções muitas vezes divergentes: por um lado, interfaces gráficas progressivamente complexas que cabem na palma da mão, por outro imagens exibidas em alta definição em TVs com mais de 50 polegadas; conteúdos capazes de atingir milhões de pessoas simultaneamente em diversas partes do planeta, juntamente com websites dedicados a oferecer experiências cada vez mais individuais e personalizadas.

Um meio tão volátil oferece ao designer que nele atua diversas possibilidades de trabalho e uma armadilha: a de deixar a mera fascinação pela tecnologia dos suportes e das mídias se sobrepor aos fundamentos do design e ao objetivo final de seu trabalho, que é a comunicação de uma mensagem. Por esse motivo, o processo de avaliação dos projetos apresentados a seguir iniciou-se por uma análise dos princípios básicos e comuns a todos os segmentos do design: forma, composição, cor, tipografia, e conceito. A partir de então, passou-se a um julgamento dos fatores específicos relativos ao design audiovisual e interativo. A introdução da dimensão temporal, como no caso do *motion graphics* (que pode ser traduzido como design em movimento) abre espaço para uma série de questões inerentes que precisam ser trabalhadas pelo designer: uma simples sequência de letreiros animados, por exemplo, envolve além das noções básicas de tipografia um planejamento do tempo de exposição de cada palavra ou frase, da velocidade com que elas se deslocam pela tela, do ritmo com que elas se sucedem, o que por sua vez está ligado à utilização de trilha sonora, e assim por diante. Do mesmo modo, projetos que envolvem interação do receptor/usuário também possuem suas particularidades e problemáticas próprias: webpages devem funcionar em uma série de suportes e browsers diferentes, devem ser intuitivas e fáceis de navegar, a fim de que o usuário possa achar seu caminho até o conteúdo que deseja sem que precise que lhe digam o que fazer a cada passo. De modo geral, também foi considerada a viabilidade

*Colaboraram na curadoria do tema
Design e Interfaces Audiovisuais:
Mateus de Paula Santos
Rogério Marmo
Carlos Eduardo Bucci*

de determinados layouts se, por hipótese, fossem extrapolados para outras aplicações e transportados para outros meios.

Ao final desse processo de avaliação foi possível observar no conjunto desses trabalhos que, felizmente, em meio a essa profusão de inovações os fundamentos do design têm conseguido se sobrepor. Ao longo dos anos que se passaram desde o início da chamada "revolução digital", houve um processo de consolidação, um amadurecimento da relação entre os designers e os novos meios, à medida que as novidades tecnológicas deixaram de ser o centro das atenções (como ocorria, por exemplo, nos primórdios do webdesign em meados da década de 1990), e passaram a ser encaradas como ferramentas entre tantas outras a serviço do design.

O que podemos esperar para os próximos anos em relação a essa área é que esse processo de naturalização da tecnologia, com sua disseminação por âmbitos cada vez maiores da vida cotidiana, permita uma menor compartimentalização da atividade dos designers na área, uma vez que ela ainda se encontra, em grande parte, segmentada entre suas principais aplicações: o webdesign e o broadcast design (design de "embalagens" gráficas e identidades visuais para canais e programas de TV) ainda são os principais nichos onde o designer audiovisual atua hoje em dia, e é raro que um profissional tenha oportunidade de desenvolver projetos que abarquem essas duas áreas, e ainda se expandam para outras, como a propaganda em mídia eletrônica. Por que não buscar maneiras de incorporar o motion grahics à sinalização urbana ou de espaços internos, por exemplo? Ou ainda de atender à crescente demanda por produtos multimídia voltados à educação? É importante que os designers não percam de vista a maleabilidade e a organicidade que caracterizam o meio audiovisual/interativo, e que continuem extrapolando os limites de suas especialidades e explorando a grande variedade de intersecções disponíveis, de modo que seu trabalho faça justiça à natureza interdisciplinar e de rompimento de fronteiras de sua profissão. Felizmente, o que podemos observar no conjunto dos trabalhos selecionados para esta categoria é que, em meio a essa profusão de inovações, os fundamentos do design têm conseguido se sobrepor à mera fascinação pela tecnologia em si.

PHILL PHOTOGRAPHIC

108 autoria: *Rodrigo Teco*

equipe: *Diretor de criação: Rodrigo Teco; Coordenação: Patrícia Waissmann; Diretor de arte: Paulo Melo; Flash designer: Rafael Morinaga; Desenvolvimento: Fabrício Ribeiro e Rafael Rinaldi; Sound designer: Cauê Teixeira*

cliente: *Phill Photographic*

Esse website funciona como o portfolio digital de um estúdio fotográfico, cujos trabalhos ganham destaque devido ao visual simples e despojado da página. As três seções principais do site são facilmente localizáveis, e seus links possuem animações instigantes, que adicionam um elemento lúdico à aparente esterilidade do layout, ao mesmo tempo em que não interferem na navegabilidade. A alternância entre o predomínio do branco das páginas iniciais com o preto dominante nas seções de exibição de imagens cria um ritmo que evita a monotonia durante a navegação.

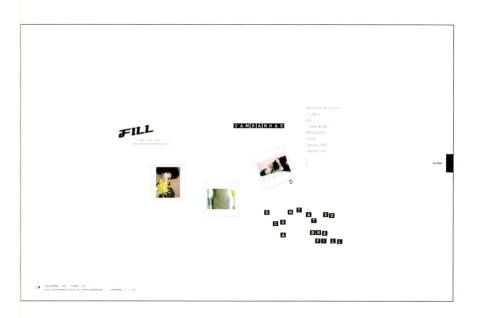

142   Anatomia do Design

TRITON
WINTER STORIES

autoria: *Rodrigo Teco*

equipe: *Diretor de criação; Rodrigo Teco; Direção de arte: David Vale; Design: David Vale e André Alcalay; Coordenação de projeto: Camila Chaves; Animação: Rafael Morinaga, Anderson Barros e Ricardo Masao; Desenvolvimeto: Anderson Barros e Ricardo Masao; Produção de vídeos: Rafael Morinaga e Alexandre Melo; Sound designer: Cauê Teixeira*

cliente: *Triton*

Website criado para o lançamento da coleção de inverno da grife Triton, assim como de sua nova campanha publicitária. O site possui um estilo elegante e sofisticado, condizente com a inspiração aristocrática da coleção, fazendo uso de elementos ornamentais clássicos como molduras, filigranas e patterns. Sendo uma marca voltada para um público jovem, o site apresenta o conceito da coleção de uma maneira mais subjetiva e fantasiosa, por meio da criação de personagens e de pequenas narrativas. A atmosfera sombria criada pelos tons escuros, juntamente com fontes pontuais de luz, realça o clima ao mesmo tempo de mistério e aconchego, condizente com a estação. Um menu discreto e sempre visível permite acesso fácil a outras áreas do site.

RELATÓRIO ANUAL ONLINE PETROBRAS 2007

110 autoria: *Bruno Lemgruber / Tabaruba Design*

equipe: *Gerente de projeto: Bruno Lemgruber; Direção de arte: Luciana Junqueira; Design: João Doria; Desenvolvimento e coprojeto: Ocara Digital*

cliente: *Petrobras*

O objetivo desse website é consolidar um grande volume de informações, referentes às diferentes empresas e segmentos que compõem a holding Petrobras. Tradicionalmente, esses relatórios seriam editados em forma de livros distintos, em diversos casos com conteúdos semelhantes, mas sem ligação direta e possibilidades de referência cruzada. O suporte digital permite um novo modelo de apresentação desse fluxo de informações, de uma maneira que tire vantagem dessas conexões e características comuns entre as diferentes áreas de atuação da marca. Um sistema gráfico de aneis, divididos em 40 temas, permite uma navegação lúdica por todo o conteúdo do relatório, ao mesmo tempo em que possibilita um novo nível de compreensão das relações entre as áreas. Também é oferecida uma opção de navegação por tópico de interesse. O uso de títulos bem destacados, tipografia leve e de corpo facilmente ampliável, busca contornar os problemas inerentes à leitura de grandes blocos de texto em ambiente online.

144 Anatomia do Design

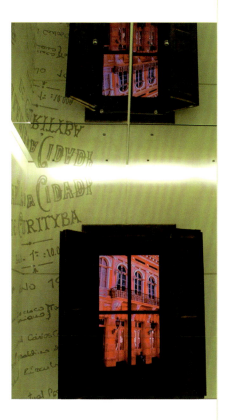

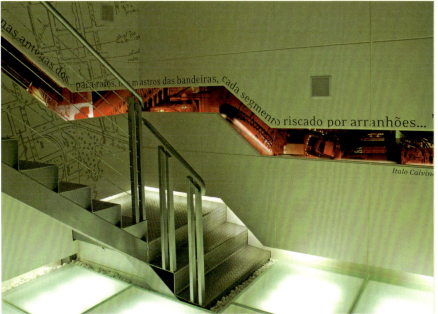

ESPAÇO FUNDAÇÃO CASA COR PARANÁ 2008

autoria: *Mayra Pedroso*

equipe: *Design: Mayra Pedroso; Coordenação: Marili Azim e Janine Malanski; Revisão de textos: Adão Araújo; Fotografia: Alice Rodrigues, Luiz Cequinel e Lucila Guimarães; Projeto arquitetônico: Elmor Arquitetura I Fundação Cultural de Curitiba*

cliente: *Fundação Cultural de Curitiba*

Apresentação do Programa de Revitalização do Patrimônio Público de Curitiba dentro do evento Casa Cor Paraná 2008. O ambiente escolhido para o projeto foi uma escada, um espaço restrito e de circulação. Levando isso em conta, procurou-se uma maneira de integrar várias imagens de modo a permitir uma leitura rápida, quase subliminar. As paredes revestidas de mapas antigos da cidade, juntamente com "janelas" que exibem imagens de prédios revitalizados criam um diálogo entre o antigo e o novo, entre o interno e o externo. Uma série de imagens do processo de restauração se encadeia de maneira linear pelas paredes, refletindo a forma do corrimão. Suas cores vivas criam um contraste com o branco predominante das paredes, de modo que o olhar do visitante é guiado ao longo dessa sequência e da frase que segue paralelamente a ela.

ARREDA – UMA JANELA PARA O DESIGN MINEIRO

112 autoria: *Gabriel Lopes Barbosa*

equipe: *Autor: Gabriel Lopes Barbosa; Contribuição: Tiago Capute, Enzo Giaquinto, Juliana Viana, Juliano Algust, Lucas Faria, Ricardo Donato, Raquel Pinheiro, Stefania, Vanessa Michelis, Francisco Martins, Eduardo Recife, Eduardo Braga, Denise Eler e Rafael Neder.*

orientação: *Profa. Denise Eller*

Trabalho de conclusão da graduação em Design

instituição: *Universidade FUMEC - MG*

Arreda é o título de um e-zine, com suporte para diversas mídias: fotografia, vídeo, animações, ilustrações, tipografia, música, textos etc. Seu objetivo é divulgar a produção de design em Minas Gerais, combatendo os estereótipos culturais comumente relacionados ao estado e ao povo mineiro. Seu layout é claro e bem organizado, com elementos gráficos diagonais recorrentes que acrescentam dinamismo e uma referência a movimentos modernistas do início do século XX. A paleta de cores restrita acentua a importância da cor dominante – o vermelho – importante para a identidade cultural mineira. O desenvolvimento de uma fonte exclusiva para o projeto o torna mais original e autoral.

WWW.VAZIO.COM.BR

autoria: *Frederico Paulino*

equipe: *Direção de design: Fred Paulino e Alexandre Telles; Design: Paulo Barcelos; Programação: Paulo Barcelos, Antônio Mozelli e Daniel Burle; Coordenação: Bárbara Braga e Laura Barbi | Estúdio Osso*

cliente: *Escritório de arquitetura Vazio s/a*

Website para o escritório de arquitetura Vazio s/a. O nome do cliente se reflete no conceito do layout, esparso e minimalista, e no jogo de ocultações que se desenrola entre o menu principal e os conteúdos. Formas poligonais irregulares são elementos recorrentes, mantendo a identidade do conjunto e adicionando dinamismo aos layouts. Também servem de suporte ao menu principal, que se desloca constantemente pela área do site.

WWW.FOTOGRAMA2.COM.BR

114 autoria: *Silvia Sanae Kabashima | The Way Up*

cliente: *Fotograma 2*

Portfolio digital de um estúdio fotográfico, com um layout simples e neutro que visa dar destaque máximo à visualização das fotos. Estas são exibidas em tamanho grande, aproveitando a maior parte da área útil da página, e cada uma das seções do site oferece uma oportunidade para se mostrar uma nova imagem de fundo. A composição geral é simétrica e equilibrada, e o fundo preto realça ainda mais as imagens.

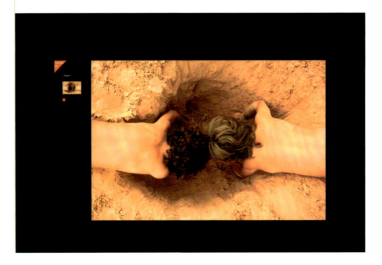

ANIMAÇÃO AQUECIMENTO GLOBAL MUNDO

autoria: *Aleixo Leite* 115

equipe: *Aleixo Leite, Bruno Rojas, Emerson Rodrigues e Daniel Carvalho | Buraco de Bala*

cliente: *WWF*

Primeira de uma série de três animações que abordam questões relacionadas às mudanças climáticas. Nesse filme, o problema é abordado de forma geral, apresentando o globo terrestre como um móbile que se deteriora com o passar do tempo, devido à ação de diversos agentes. A animação é realizada em 3D com um tipo de acabamento que dá aos modelos uma característica tátil que, aliada ao design icônico e levemente ingênuo dos elementos, cria uma contraposição impactante à realidade da devastação. A sequência narrativa é dada pelo movimento de rotação do móbile, enquanto a câmera mantém um ponto de vista fixo. A trilha sonora é tranquila porém sombria, e não há necessidade de locução para que a mensagem do filme seja compreendida. Os três vídeos terminam com o logotipo geral da campanha, seguido de texto breve e direto, composto em uma fonte despojada, em branco sobre fundo preto, de modo a enfatizar a gravidade da situação para a qual alertam.

ANIMAÇÃO
AQUECIMENTO GLOBAL
ENERGIA

116 autoria: *Aleixo Leite*

equipe: *Aleixo Leite, Bruno Rojas, Emerson Rodrigues, André Miranda e Raquel Aviani*

cliente: *WWF*

Nessa segunda animação, a questão é abordada de maneira mais específica, destacando o consumo de energia e as matérias-primas utilizadas em sua geração. O uso do quadro branco como suporte enfatiza o propósito didático da peça, enquanto a tipografia e as ilustrações executadas à mão aproximam o filme do universo do grafite a da street art. As cores utilizadas se limitam às de algumas das canetas mais usadas nesse tipo de quadro, verde e vermelho, e também simbolizam as atitudes sustentáveis e as prejudiciais, além de ditarem o ritmo do filme por meio de sua alternância.

150 Anatomia do Design

**JOGO
AQUECIMENTO GLOBAL
DESMATAMENTO**

autoria: *Aleixo Leite / Buraco de Bala*

equipe: *Aleixo Leite, Bruno Rojas, Emerson Rodrigues e Silvio Nóbrega*

cliente: *WWF*

*A última animação da série tem o objetivo de destacar a influência que o Brasil exerce no processo de aquecimento global, por meio do desmatamento. Essa peça, diferentemente das duas anteriores, exigiu uma locução, devido à quantidade de informações veiculadas, porém, o estilo icônico e típico de infográficos sintetiza essas informações e as representa de modo simples, com diferentes traduções visuais dos mesmos dados, que se sobrepõem e se complementam. As animações são simples e esquemáticas, com toques de humor que, juntamente com as cores vivas e icônicas, tornam a mensagem mais palatável.
Os textos presentes ao longo da animação são utilizados mais como elemento gráfico do que como informação complementar, a fim de realçar o caráter urgente e factual da campanha.*

Design e Interfaces Audiovisuais

JOGO MUNDO DOS POUPANÇUDOS

118 autoria: *Aleixo Leite / Buraco de Bala e Illusion Graphics*

equipe: *Aleixo Leite, Bruno Rojas, Emerson Rodrigues, Diego Avesani e Joy, Grilo*

cliente: *Caixa Econômica Federal*

Foram desenvolvidos personagens e cenários para um jogo interativo online, como parte de uma campanha da Caixa Econômica Federal. O resultado é bastante humano e tátil, graças ao uso de texturas naturais, principalmente de tecido, dando a impressão de que os elementos foram recortados e costurados à mão. O uso de uma paleta composta predominantemente por tons pastéis, principalmente azuis e verdes, confere um caráter plácido ao jogo, que oferece diversas possibilidades de customização dos personagens, por meio da escolha de cores, formas, acessórios, e até mesmo da utilização de fotos para os rostos.

NOVA IDENTIDADE VISUAL DA PRODUTORA DE FILMES MOVIE&ART

autoria: *Priscila Loss Fighera*

equipe: *Direção de design: Helder Araújo; Design: Helder Araújo, Rafael Santos; Ilustração: Anderson Fagundes; Coordenação de Projeto: Cibele Fontoura; Diretor de conta: Rodrigo Santanna | Bola Sociology Design*

cliente: *Produtora Movie&Art*

Pelo fato de a Movie&Art ser uma produtora de vídeo, essa nova identidade visual foi criada para funcionar principalmente nos meios digitais, como cinema, TV e publicidade. A característica dinâmica e mutante desses meios levou à busca por um elemento gráfico simbólico que fosse simples e flexível, permitindo que essa identidade pudesse ser constantemente reinventada ao mesmo tempo em que se mantém um princípio básico. O elemento gráfico escolhido foi a linha, por ser um símbolo de conexão e continuidade e por sua característica maleável, que pode ser amplamente explorada em movimento, em aplicações multimídia e audiovisuais.

CRIAÇÃO E PRODUÇÃO DO REFRESH DA IDENTIDADE VISUAL DA MTV BRASIL

autoria: *Vivian Werdedesheim / Piloto Cinema e Televisão*

equipe: *Direção de design: Rodrigo Pimenta, Alexandre Chalabi e Daniel Soro*

cliente: *MTV Brasil*

A MTV Brasil é um canal que sempre se caracterizou por seu emprego ousado do design gráfico em movimento e por uma necessidade constante de renovação de sua identidade visual on-air. A ideia por trás desse projeto de refresh foi aplicar as linhas gerais do projeto gráfico do canal a um ambiente orgânico, com pessoas e objetos gravados. O resultado é uma abordagem mais despojada e humana, num movimento em sentido oposto ao do atual predomínio da computação gráfica. As imagens captadas em vídeo possuem uma qualidade mais direta e familiar, diferentemente de como seriam se houvessem sido filmadas em película, e os objetos gravados relacionam-se à música, mas fogem dos significadores mais óbvios desse universo. A tipografia é utilizada de modo claro e limpo, sem efeitos e rebuscamentos, de modo que pareça sempre estar aplicada sobre superfícies concretas. A escolha de uma fonte do tipo estêncil contribui para essa aparência.

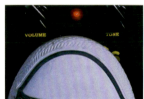

CRIAÇÃO E PRODUÇÃO DA EMBALAGEM GRÁFICA DO CANAL IDEAL

autoria: *Vivian Werdedesheim / Piloto Cinema e Televisão*

equipe: *Direção de design: Alexandre Chalabi e Daniel Soro; Design: Ana Starling, Thiago Pinho, Ian e João Simi; Trilha: Somzera*

cliente: *Canal Ideal*

A programação do canal Ideal é direcionada a jovens executivos em busca de sucesso na carreira e qualidade de vida. Para ele, foi desenvolvida uma embalagem gráfica com um visual moderno, evitando uma aparência sisuda relacionada a ambientes corporativos, e, ao mesmo tempo, transmitindo credibilidade. O uso de cores vivas e elementos gráficos leves e dinâmicos confere energia e vitalidade à embalagem. Formas retilíneas e angulosas são animadas de modo a sugerir urgência e velocidade, ao passo que linhas mais curvas, refletidas na forma do logotipo, são utilizadas de modo mais calmo, como na série de IDs baseados em elementos da natureza.

WEBSITE
RONALDO FRAGA

122 *autoria: Fabiana Ferraresi | Designlândia*

equipe: Direção de design: Fabiana Ferraresi e Paola Menezes; Design: Fernanda Barbato, Ho Chich Min e Ieda Shingai; Iconografia: Ronaldo Fraga; Programação: Sérgio Mendes e Sete Oitavos

cliente: Ronaldo Fraga

O website do estilista Ronaldo Fraga busca representar seu universo criativo dentro de um ambiente de constante mudança e ampliação. Esse universo é organizado na forma de um álbum de figurinhas, em que cada figurinha representa uma vertente do universo do estilista. As coleções estão em uma página que pode crescer indefinidamente, e cada nova coleção entra sob a forma de um hotsite. A navegação é facilitada por um menu móvel, que pode ser reposicionado em qualquer ponto da página. O estilo gráfico é ilustrativo e artesanal, próximo do naïf. As cores são claras e leves e há uma grande presença de desenhos e sketches, que propõem associações livres e sugerem uma visão do interior da mente e do processo criativo do artista.

Anatomia do Design

LA MUERTE ILUSTRADA

autoria: *Adriano Sansone Piemonte, Alessandro Sansone Piemonte, Daniel Sousa da Conceição, Dênis Rodrigues de Freitas, Diego Loza Pereira, Diogo Mangiacavalli e Rafael de Almeida*

orientação: *Prof. Marcelo Prioste e Prof. Nelson Somma Junior*

Trabalho de conclusão da graduação - bacharelado em design digital

instituição: *Universidade Anhembi-Morumbi*

La Muerte Ilustrada propõe na hipermídia uma reflexão sobre a obra do gravurista mexicano José Guadalupe Posada. O produto é constituído por sites para web e celular e uma revista. Os sites contêm imagens e ilustrações manipuladas digitalmente, vídeos, textos autorais, animações 2D e 3D, tendo como princípio o design de informação, de interação, de hipertextualidade e de som. A revista contempla ilustrações e textos autorais. As gravuras e ilustrações originais de Posada são combinadas com tipografia e elementos gráficos digitais, e, em alguns casos, atualizadas para linguagens e técnicas contemporâneas, como a ilustração vetorial. As cores utilizadas relacionam-se à identidade nacional mexicana, e os textos compostos de forma angular contribuem para a sensação de instabilidade e agitação, referência ao contexto político conturbado em meio ao qual Posada realizou seu trabalho.

KAKOFONIA.COM

124 autoria: *Flávia Nalon | ps.2 arquitetura + design*

equipe: *Direção de design: Fábio Prata e Flávia Nalon; Design: Fábio Prata, Flávia Nalon e Guilherme Falcão; Programação: José Venega Júnior*

cliente: *Kako*

Portfolio digital do ilustrador Kako, desenvolvido de modo a funcionar como um grande arquivo de seus trabalhos, organizados em diferentes categorias. O layout limpo e bem estruturado evidencia a vocação editorial do trabalho do artista e privilegia o destaque às ilustrações, cujo estilo detalhista e rebuscado se harmoniza com a fonte clássica escolhida para os textos.

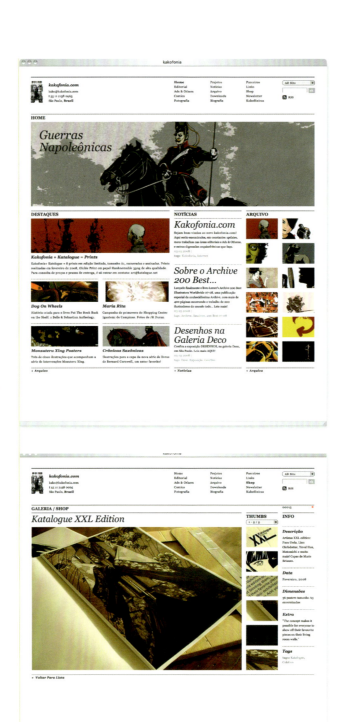

158 Anatomia do Design

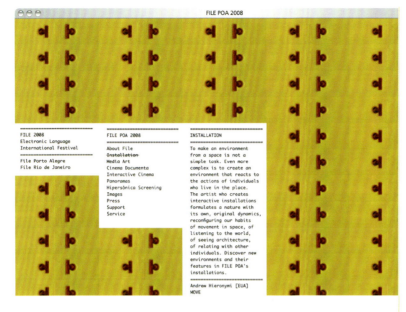

WEBSITE FILE 2008

autoria: *Flávia Nalon | ps.2 arquitetura + design*

equipe: *Direção de design: Fábio Prata e Flávia Nalon; Design: Fábio Prata, Flávia Nalon e Guilherme Falcão; Assistência: Gustavo Inafuku*

cliente: *Festival Internacional de Linguagem Eletrônica – 9ª edição*

Hotsite desenvolvido para o lançamento da 9ª edição do Festival Internacional de Linguagem Eletrônica, que ocorreu simultaneamente em Porto Alegre e no Rio de Janeiro, e posteriormente em São Paulo. Explorando o conceito de conectividade, imagens de diferentes tipos de plug, conectores e botões, repetidas de modo a compor padrões quase abstratos, foram utilizadas como background das páginas. O resultado é um site tecnicamente muito simples, de navegação leve e grande impacto visual. Os textos são organizados de maneira hierárquica, sempre na mesma página, em boxes que vão abrindo caminho através do background.

REBRAND TVCOM

126 autoria: *Ricardo van Steen | Tempo Design*

equipe: *Conceituação e direção do design: Ricardo van Steen; Design: Ricardo van Steen, Frederico Freitas, Lucas Rampazzo, Fabíola Seger Kolling e equipe de criação TVCOM*

cliente: *TVCOM*

A TV Comunidade (mais conhecida como TVCOM) é uma emissora de televisão comunitária com sede em Porto Alegre. Para o desenvolvimento de sua nova identidade visual, foram definidas sete palavras e uma cor que representassem o espírito da emissora. As palavras-chave eleitas, relativas aos atributos do canal (pertencimento, fluidez, irreverência, interatividade e atualidade) foram desdobradas em IDs, e a cor escolhida —laranja— está presente em toda embalagem gráfica, seja como cor dominante ou apenas como um acento. O logotipo possui uma forma versátil que sugere fluidez e maleabilidade, e serve como ponto de partida para a criação de elementos gráficos que podem ser encontrados em inúmeras instâncias na programação. O preenchimento dessas formas com gradientes de cor sugere volume de forma sintética e sutil.

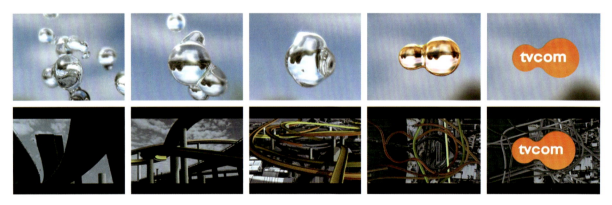

Anatomia do Design

WEBSITE HIPERSÔNICA RIO 2007

autoria: *Fábio Prata | ps.2 arquitetura + design*

equipe: *Direção de design: Fábio Prata e Flávia Nalon; Design: Fábio Prata, Flávia Nalon e Guilherme Falcão; Assistência: Marco Silva; Programação: Victor Greco*

cliente: *Festival Hipersônica*

Hipersônica é um festival que investiga as intersecções entre arte, som e tecnologia. Para ele foi criado um site que, em si, é uma peça audiovisual, concebido como uma espécie de instrumento musical onde a navegação é acompanhada por efeitos sonoros e de movimento. O uso de recortes verticais das imagens compõe uma textura colorida que cria um contraponto com as áreas branca e preta do entorno, ao mesmo tempo em que concentram os links para todas as seções do site.

127

ABERTURA CÓDIGO MTV

128　autoria: *Rodrigo d'Avila Pimenta | MTV*

equipe: *Direção de Criação: Rodrigo d'Avila Pimenta; Coordenação: Gabi Milanez; Design: Vinícius Costa; Áudio: Beto Montalvão*

cliente: *MTV*

"Código MTV" é um programa que aborda os mais variados gêneros musicais, traçando comparações entre eles. A abertura desenvolvida para o programa mistura diversas linguagens e técnicas, como 2D, 3D e stop motion, traduzindo o conceito do programa por meio de um fluxo contínuo e uma série de conexões inesperadas entre os elementos. O áudio é entrecortado, numa espécie de colagem sonora, confundindo os limites entre trilha sonora e sound design.

VINHETAS: 10 DICAS INFALÍVEIS PARA O AQUECIMENTO GLOBAL

autoria: *Rodrigo d'Avila Pimenta | MTV*

equipe: *Direção de criação: Rodrigo d'Avila Pimenta; Coordenação: Gabi Milanez; Roteiro: Ana Paula Anderson; Design: Arthur Carvalho; Produção: Vinícius Patrial; Áudio: Carlos Issa*

cliente: *MTV*

Uma série de vinhetas que compõem uma campanha interna da MTV Brasil para informar e engajar a audiência em torno da questão do aquecimento global. Uma anticampanha, na verdade, que faz uso da ironia ao propor medidas voltadas à intensificação das mudanças climáticas. As assemblages de objetos ordinários são captadas de modo propositalmente grosseiro, enquanto o estilo ultrapassado de tipografia digital reforça o conceito geral de obsolescência.

129

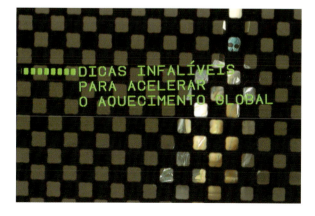

Design e Interfaces Audiovisuais   163

WEBSITE NITROCORPZ

130 autoria: *Greyner Santos Nóbrega*

equipe: *Direção de arte: Marcilon A. Melo; Design: Marcilon A. Melo; Programação: Rhawbert Costa e Cláudio Cologni | Nitrocorpz Design*

cliente: *Nitrocorpz Design*

O website desenvolvido para o estúdio Nitrocorpz privilegia a facilidade na atualização e na visualização dos projetos. Todas as informações são concentradas na home page, com um menu de navegação com categorias identificadas por códigos de cor e áreas de destaque para projetos mais relevantes. A predominância do branco no layout equilibra e dá unidade à variedade de cores presente nas prévias dos projetos.

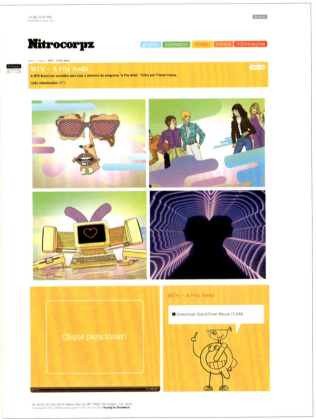

WEBSITE
MARQUIS PLATINUM

autoria: *Greyner Santos Nóbrega*

equipe: *Direção de arte: Marcilon A. Melo; Design: Marcilon A. Melo; Programação: Rhawbert Costa, Cláudio Cologni e Virgílio Vasconselos | Nitrocorpz Design*

cliente: *Marquis Platinum Vitality Drink*

Website desenvolvido como parte da campanha de lançamento de uma bebida energética. O conceito adulto e sofisticado do produto influenciou o design do site, assim como os elementos gráficos da embalagem: tipografia, paleta de cor e ilustrações. O layout é simétrico e equilibrado, basicamente monocromático, em tons de cinza e prata, o que, juntamente com o uso de tipografia clássica, contribui para a impressão de requinte.

POÉTICAS VISUAIS 7

Alécio Rossi

CAPÍTULO 7

Poéticas Visuais

Alécio Rossi

As manifestações do design e da arte estão cada vez mais próximas. Seus objetivos situam-se entre a as reflexões sobre o fazer humano e a contemplação. Arte e poesia ligam-se à filosofia e à estética e, naturalmente, à percepção sensível do mundo e às reflexões decorrentes da visão de artistas e poetas. Uma obra de arte tem o significado que ela tem por apresentar, geralmente de forma concreta, o pensamento ou posicionamento do artista. Seu caráter é estritamente autoral e, contemporaneamente, muitas vezes, a arte é mais processo que objeto. Atualmente é mais fotográfica que pictórica, mais imagem em movimento que estática. Muitas vezes, a arte é mais proposta que envolve coletividades que ações individuais.

O design gráfico acrescenta a essas características os processos de informação e comunicação e a reprodução serial por diferentes meios. É ação menos autoral e mais uma resposta a uma exigência de omunicação com conteúdo pré-estabelecido. Embora os objetivos essenciais do design e da arte sejam diferentes, ainda assim é possível perguntar: Até que ponto um projeto gráfico pode impregnar-se da poesia geralmente atribuída a projetos artísticos e ainda assim ser design? Até que ponto as experimentações projetuais ampliam as possibilidades de resultados novos e inesperados para o design?

Há uma idade em que se ensina o que se sabe; mas vem em seguida outra, em que se ensina o que não se sabe: isso se chama pesquisar. Vem talvez agora a idade de uma outra experiência, a de desaprender, de deixar trabalhar o remanejamento imprevisível que o esquecimento impõe à sedimentação dos saberes, das culturas, das crenças que atravessamos. Essa experiência tem, creio eu, um nome ilustre e fora de moda, que ousarei tomar aqui sem complexo, na própria encruzilhada de sua etimologia: sapientia: nenhum poder, um pouco de saber, um pouco de sabedoria, e o máximo de sabor possível.
Roland Barthes[1]

A sensibilidade do olhar e uma nova forma de perceber o mundo podem ser as chaves para buscar alternativas projetuais que possam ser multiplicadas pelos processos produtivos em larga escala, mas que tenham, em sua essência, a reflexão comum à produção artística contemporânea. Resgatar processos experimentais para a linguagem gráfica e abandonar fórmulas, que nem sempre garantem o entendimento e os resultados, são

1. BARTHES, Roland. Aula. Trad. Leyla Perrone-Moisés. São Paulo: Cultrix, 1988.

alternativas para a inovação no design gráfico. Experimentar, testar e não comodar-se com as respostas prontas, imediatas e seguras. A arte, muitas vezes, constroi seu significado a partir de si própria, mas conta com a vivência e repertório do observador para compreensões possíveis. É autorreferencial e os materiais utilizados contribuem para a construção do significado da obra. A inovação para o design gráfico pode se valer de ações similares e, ainda assim, manter o foco em seu objetivo de comunicação. No design, os materiais também podem ter diferentes significados, mas sua escolha deve contribuir para a compreensão da mensagem implícita na ação de comunicação entre pessoas e instituições.

Um bom repertório cultural amplia as possibilidades de respostas para problemas e desafios para o designer. As artes visuais podem contribuir para o desenvolvimento da percepção e as questões filosóficas decorrentes de trabalhos de arte contaminam o pensamento sobre como projetar coisas. Os limites entre as diferentes áreas tornam-se cada vez menos evidentes e questões anteriormente vinculadas a antropologia, geopolítica, música, comunicação etc. fazem parte da análise inicial de qualquer projeto. No fundo, essas questões relacionam-se com o fazer humano. A construção do conhecimento se dá também por meio de experimentações e trocas de experiências. É essa fronteira entre a arte e o design que procuramos analisar e discutir com o conjunto dos trabalhos dessa bienal.

O uso de materiais incomuns e mesmo a manipulação diferenciada de materiais conhecidos despertam no observador/cliente/consumidor a vontade de tocar para entender melhor, para conhecer melhor. Os projetos selecionados nesse conjunto apresentam, em sua maioria, elementos diferenciais. Muitas vezes, o diferencial de um projeto está exatamente em atribuir uma função diferenciada a um material comum. Os processos usuais podem ser alterados, além do uso de tinta, faca e cola? Ou ainda, dentre os procedimentos de recortar, colar e dobrar, são possíveis novos resultados? O toque, o tato e a sensação visual de maciez, aspereza, dureza, são características comuns, mas que podem surpreender o observador e podem provocar, além de sua função específica de comunicação, o olhar de contemplação e exigir também um outro tempo de entendimento.

A urgência cotidiana de resolver coisas e atender inúmeras demandas simultaneamente, muitas vezes, impede-nos de observar com calma e quase sempre a mensagem fica pela metade. Nesse sentido, podemos apontar duas possibilidades: nosso objeto, resultado de um bom projeto, quebra o tempo e determina um novo prazo de observação e entendimento; outra possibilidade é que o poder de síntese seja intensificado e o objeto instantaneamente comunique o que deve comunicar. Questão de design e, assim, de opção. Alavancado por traços de humor, estranhamento, surpresa e, até mesmo, de encantamento, não se caracteriza necessariamente por ser belo. O entendimento dessas características, sem dúvida pode ser questionado e certamente são subjetivos. Abrimos aqui outro ponto para a reflexão: O que vemos e o que nos sensibiliza nos ajuda a construir também nossa forma peculiar de perceber o mundo.

Existem vários aspectos para a avaliação técnica de um projeto gráfico comum. Da mesma forma, existem diferentes entendimentos sobre Arte, Poética e Poéticas Visuais e minhas reflexões a esse respeito não pretendem apontar projetos certos ou errados, mais ou menos eficientes, mas decidi destacar, dentre tantos bons projetos, os que me tocaram de alguma forma por diferenciarem-se dos demais. Recebemos ótimos projetos e que devem ter tido bons resultados em sua utilização. Desse grande grupo, alguns se destacaram por colocarem em questão o próprio fazer design, ou seja: projetar coisas que possam ser multiplicadas, com uso potencializado, que respeitem todos os envolvidos na produção e que gerem o menor resíduo possível. A síntese de projetar. Soluções não usuais e o uso de experimentações de linguagem e de suportes foram levados em consideração.

A legibilidade e a função imediata cedem lugar para a linguagem gráfica em que o significado se apoia na própria linguagem. Não se trata de acrescentar um elemento decorativo e usar muitas cores ou efeitos especiais, mas de usar a tecnologia e os materiais com inteligência, isso é perceptível em vários desses projetos. Ter um traço diferenciado que pode provocar o estranhamento necessário para a construção do conhecimento novo. Fazem-nos querer tocar, sentir, ver, ouvir, entender, sentir, compartilhar. Parece inevitável, diante desses trabalhos, uma avaliação imediata e subjetiva "do tipo 'gosto' ou 'não gosto'". Os vínculos afetivos despertados por resultados inesperados precisam conviver com as relações de mercado e os resultados, geralmente mais objetivos e pragmáticos. Sem dúvida, experimentações projetuais não se aplicam a qualquer produto ou cliente, mas são importantes para aqueles que trabalham com inovação.

Nesse sentido, é necessário estabelecer com o cliente uma relação de confiança e de cumplicidade, pois muitos bons projetos acabam não sendo finalizados por falta de entendimento ou de ousadia por parte dos clientes, muitas vezes, com necessidade de resultados imediatos. É preciso entender uma espécie de parceria que permita um projeto inovador e, por essa razão, a medição de resultados nem sempre é rápida ou precisa; que permita uma ação autoral do designer e que também atenda às necessidades comerciais. Somar experiências e desejos. Compartilhar pensamentos e coisas talvez nunca tenha sido também tão urgente e necessário.

O texto inicial de Roland Barthes, que nos convida a "desaprender", leva-nos a pensar sobre o fazer sem estruturas pré-estabelecidas. Olhar novamente e de um jeito novo. Permite-nos ver o trabalho como espaço para a experimentação e a aquisição de experiência por meio de acertos e de erros. Esse é para mim o papel das escolas de design. Sabemos que correr risco não é o desejo do mercado. Aprender a aprender como metodologia inicial parece-nos fundamental para o desenvolvimento de jovens profissionais e para o fortalecimento de profissionais mais experientes que se arriscam. Esses dois grupos têm a tecnologia e as informações disponíveis online e acompanham as mudanças em tempo real. As exigências de mercado e de resultados não podem superar os desejos de transformação. Toda transformação exige riscos, assim como não há criação sem liberdade. O pouco tempo para projetar, a necessidade de baixo custo e o respeito no uso de materiais são os desafios mais comuns, mas que devem nos orientar para um trabalho consistente.

Apesar de me considerarem idealista, tenho os pés no chão e sei das dificuldades de se produzir bom design, e nesse conjunto aqui selecionado podemos encontrar muitos exemplos.

Talvez somente o bom design não possa mudar o mundo, mas aproveitar a vida e a convivência com as pessoas têm sido tão raro que um pouco de sonho e de poesia incorporados ao design não vão fazer mal a ninguém.

UM ESPETÁCULO DE VENDAS

132 *autoria:* Márcio Barbalho dos Santos | Torchetti Design

equipe: Direção de design: Marcio Barbalho; Design: Naraiana Peret; Ilustração: Renato Faccini; Redação/Revisão: Rodrigo Corrêa e Luiz Gustavo Linhares

cliente: Brasil Telecom

O ponto-chave desse projeto é o uso de ilustrações trabalhadas artisticamente para propor uma linguagem diferenciada dentro do ambiente corporativo. Explora o caráter fantástico do circo, usando dramaticidade e mistério nas cenas. O cartaz foi explorado como peça principal, reforçando a sensação nostálgica do espetáculo. A assinatura tipográfica foi inspirada na linguagem dos antigos cabarés e no estilo Art Nouveau.

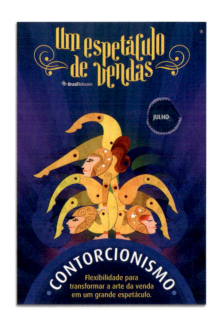
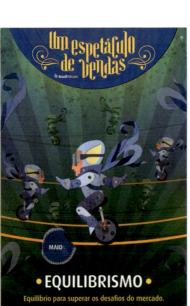
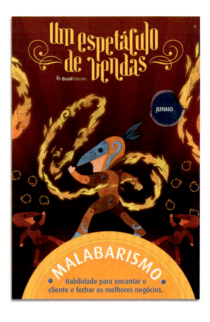

PARAÍSO PERDIDO

autoria: *Leonardo Eyer | Caótica*

133

equipe: *Direção de arte: Leonardo Eyer e Adriano Motta*

cliente: *Acido Surtido, Argentina*

Experimentação gráfica de página para edição especial de periódico argentino com o tema Paraíso Perdido. Às vezes, o que parece perdido está bem diante de nossos olhos. Frágil limite entre legibilidade e grafismo.

CATÁLOGO GREEN

autoria: *Margot Takeda | A10 Design*

134

equipe: *Direção de criação: Margot Takeda; Design: Rodrigo Brandão, Bruna Wehba e Maria Lino; Gerente de conta: Valéria Ricardo*

cliente: *Grupo Missako*

Design como elemento de expansão da comunicação institucional da marca. Catálogo primavera/verão da marca que traduz os valores da Green e o conceito de liberdade de movimentos. Os traços e as imagens despojadas resgatam a alegria do universo infantil e o aspecto vibrante de uma marca genuinamente brasileira. O resultado potencializou a marca para inserção em diferentes contextos, garantindo a continuidade de sua expansão no mercado externo.

LIVRO INFANTIL
O TREM MALUCO

135 autoria: *Gustavo Piqueira e Marco Aurélio Kato | Rex Design*

equipe: *Ilustrações: Gustavo Piqueira*

cliente: *Editora Biruta*

Projeto de livro infantil busca romper o paradigma de que um livro deve ter um estilo de ilustração. Traz, a cada página dupla, o trem maluco que passeia, não por uma diferente paisagem ou cenário, mas por uma diferente abordagem gráfica, buscando ampliar, de forma vertiginosa, o repertório visual da criança e, ao mesmo tempo, transmitir a sensação de como é viajar num trem maluco.

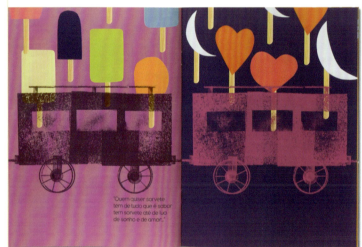
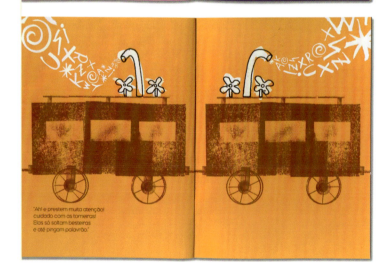

CCBB – DIÁLOGOS E REFLEXÕES

autoria: *Gustavo Piqueira e Marco Aurélio Kato / Rex Design*

cliente: *AE Produções*

Projeto de coleção de material educativo para as exposições do Centro Cultural Banco do Brasil. Busca trabalhar em dois planos – por meio de um adesivo multiuso e a estrutura de identidade visual da publicação. Isso possibilita que, em cada peça separada, a linguagem e o estilo abordados possam passear livremente, sem correr o risco de serem aprisionados por uma estrutura rígida de identidade.

Poéticas Visuais

TEASER PARA FIAT AUTOMÓVEIS

137 autoria: *Naraiana Baudson Peret | Torchetti Design*

equipe: *Direção de criação: Márcio Barbalho; Design: Naraiana Peret; Assistência: Diogo Medeiros*

cliente: *FIAT Automóveis*

O teaser é composto de um caleidoscópio acomodado em uma embalagem com berço, uma tag e um guizo. A peça propõe, com o uso de um elemento nostálgico, uma experiência lúdica ao receptor, deslocando-o de um ambiente cotidiano para um universo poético, quase infantil. Em todo o conjunto foram exploradas padronagens presentes no espetáculo Cirque du Soleil, com o intuito de dar pistas sobre o que estaria por vir e criar uma associação imediata entre as emoções obtidas ali e a marca do cliente.

ONTOLOGIA: FUMANTE

138 autoria: *Vicente Repolês Oliveira Pessoa*

cliente: *Iniciativa do próprio designer*

O livro-objeto conecta o conteúdo e a forma de tal maneira que é impossível dissociá-los sem acarretar um sério prejuízo para a mensagem. O objeto utilizado como suporte está intimamente relacionado ao tema do livro. Os conceitos de prazer e morte, em Freud, e de continuidade e descontinuidade, em Bataille são materializados nesse livro-objeto em forma de maço de cigarros. Cada cigarro é uma página: a "leitura" proporciona prazer – estético e químico – e morte, tanto do leitor quanto do próprio objeto, a cada página lida/fumada.

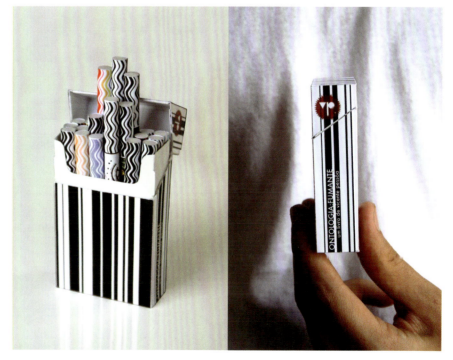

176 **Anatomia do Design**

FONTE PROCESSUAL

autoria: *Vicente Pessôa / Vicente Pessôa Design*

equipe: *Idealização do projeto e design da fonte: Vicente Pessôa; Digitalização da fonte e design de glifos complementares: Tiago Porto; Programação do Tipotetris: Zed Martins*

cliente: *Letra Um*

Desenvolvimento de uma fonte tipográfica que permite vários sentidos e processos de leitura por meio de duas ou mais associações simbólicas a cada uma das formas. A fonte Processual foi selecionada para a 3ª Bienal Latino-americana de Tipografia.

"Nos últimos tempos é uma das coisas mais importantes que o movimento do Poema/ Processo está recebendo". Wlademir Dias-Pino e Regina Pouchain.

Poéticas Visuais | 177

PERDEMOS O CONTROLE COLEÇÃO DE DESEJOS PASSADOS

autoria: *Tiago Capute*

orientação: *Prof. Hugo Werner*

Trabalho de Conclusão da Graduação em Design Gráfico

instituição: *Universidade FUMEC*

Principalmente a partir da década de 1970 a fotografia de arte contemporânea se associa com campos discursivos distintos. Nesse projeto, dialogam a poesia/música de Ian Curtis e a tipografia. O editorial foi criado por meio de um roteiro montado, tendo como base as letras das músicas de Curtis. A angústia, a solidão, a raiva, o isolamento e as frustrações amorosas do autor foram as características mais marcantes, pelo fato de a desilusão amorosa ser assunto recorrente na obra do artista.

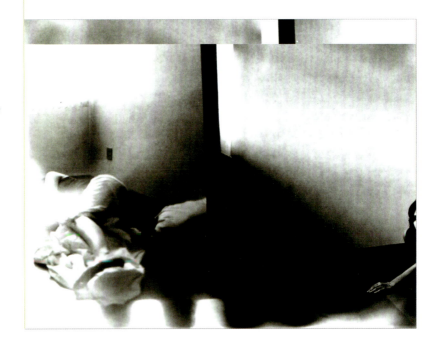

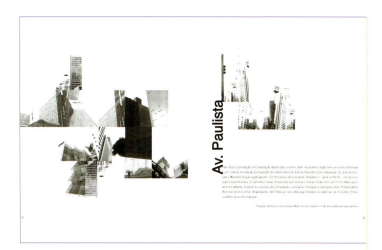

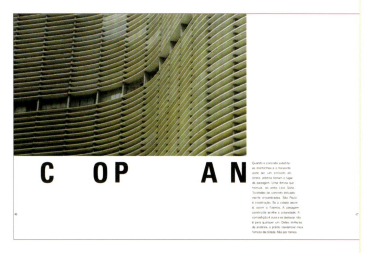

LIVRO SÃO PAULO A PASSEIO — UM PERCURSO GRÁFICO

autoria: *Juliana Ribeiro Azevedo*

orientação: *Profa. Clice de Toledo Sanjar Mazzilli*

Trabalho de Conclusão da Graduação em Arquitetura e Urbanismo

instituição: *FAU / USP*

Um livro de apresentação de São Paulo diferente dos existentes no mercado e que busca traduzir em seu projeto gráfico a própria cidade. A cidade foi reduzida ao centro expandido e criado um percurso contínuo por ele. A poluição visual de então e a falta de ordem urbana foram pontos fundamentais na compreensão do espaço. Graficamente, essas características traduzem-se na falta de grid e no peso das páginas.

TABLOIDE SAMBANOVAS

142 autoria: *Rodolfo Rezende / Estúdio Tostex*

equipe: *Direção de design e criação: Rodolfo Rezende; Assistência: Maria Carolina Kahwage, Bernardo Leite, Paulo Pássaro, Gustavo Stojkov e Francesco Pallavicini*

cliente: *SambaPhoto*

A agência de fotografia e arquivo digital de imagens SambaPhoto buscava uma maneira de se relacionar com o seu público (designers, publicitários, editores, profissionais voltados a comunicação) de uma maneira mais objetiva e prática. Foi criada uma coleção de tabloides com temas relevantes a datas ou assuntos específicos como Copa do Mundo, Eleições, Dia das Crianças, Férias, Final de ano e Meio ambiente. Esses tabloides têm como fio condutor as fotografias do acervo da agência.

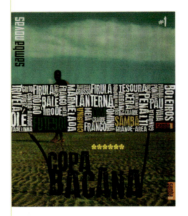

ESPECIAL 50º GRANDE SERTÃO VEREDAS E 100 ANOS GUIMARÃES ROSA

autoria: *Márcia Larica / Estação Primeira de Design*

equipe: *Direção de design: Márcia Larica; Editora: Camila Diniz Ferreira – 50º Grande Sertão Veredas; Ilustração: Liliane Dardot; Fotografia: Inês Gomes, Francisco Magalhães (capa) – 100 anos Guimarães Rosa; Pesquisa iconográfica: Paulo de Andrade; Capa: montagem digital de Bruno Vasconcelos*

cliente: *Suplemento Literário de Minas Gerais / Secretaria de Estado de Cultura de MG*

O Suplemento Literário de Minas Gerais é um jornal de literatura, cinema, artes plásticas, teatro e música, produzido pela Secretaria de Estado de Cultura de MG e distribuído gratuitamente. A publicação dessas duas edições especiais do jornal – 50º Grande Sertão Veredas e a Comemorativa aos 100 anos de Guimarães Rosa são registros da memória e da cultura, com abordagens múltiplas e contemporâneas.

REVISTA ZUPI

144 autoria: *Allan Szacher*

equipe: *Zupi Design*

cliente: *Revista Zupi*

A Revista Impressa Zupi é a primeira revista brasileira de design experimental e com periodicidade trimestral. Já está em sua 10º edição e recentemente lançou a reedição de seu primeiro número. Apresenta vasto conteúdo de ilustrações e trabalhos autorais e experimentais de artistas de todo o mundo.

100 GESTOS QUE MARCARAM O SÉCULO XX

autoria: *Olívia Ribeiro Ferreira | Radiográfico*

equipe: *Direção de arte: Olívia Ribeiro Ferreira e Pedro Garavaglia*

cliente: *Cia. de Dança Contemporânea Dani Lima*

Um Kit promocional criado para vender o projeto 100 Gestos que marcam o século XX da Cia. de Dança Contemporânea Dani Lima. O kit vem embalado com imagens de costas femininas impressas em tecido e sua abertura é feita com velcro e zíper. Esses materiais foram escolhidos por serem invenções que marcaram o século XX e imprimiram novos gestos ao cotidiano. Ao receber o projeto, a pessoa pode vivenciar tais gestos.

CAPAS — JORNAL LIGADO

146 autoria: *Nasha Gil | Vicente Gil Arquitetura e Design*

cliente: *AES Eletropaulo*

O uso de ilustrações poéticas e criativas conferiu um caráter inovador para esse tipo de publicação. A estruturação limpa subverte o sentido de leitura e intensifica a relação leitor/objeto. De um simples jornal interno o material acabou sendo utilizado como veículo de comunicação institucional externa.

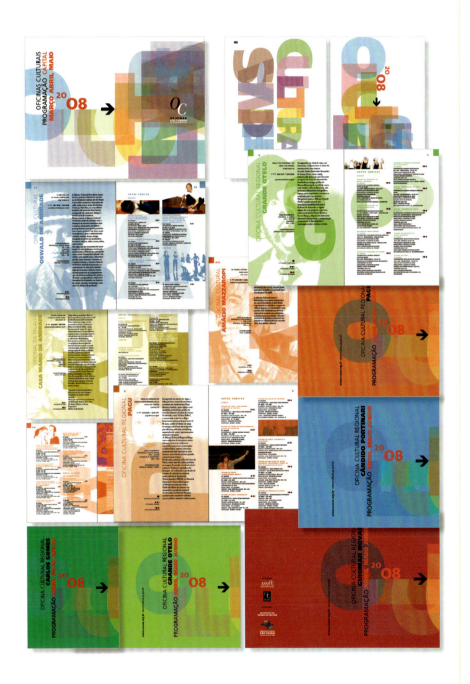

AGENDA CULTURAL E CARTAZES — OFICINAS CULTURAIS JAN./FEV./ MAR. 2008

autoria: *Vicente Gil | Vicente Gil Arquitetura e Design*

cliente: *Secretaria de Estado da Cultura do Estado de São Paulo*

Manipulação de imagens e conteúdo, de modo poético e artístico. O tratamento gráfico padronizado de cada um dos patronos que dão nome às oficinas, cria a identidade do conjunto de cartazes. O material foi produzido com uma escassez total de material básico, por exemplo, originais de fotos eram inexistentes. As iniciais dos nomes de cada um dos patronos foram utilizadas em grandes dimensões para marcar efetivamente o nome de cada uma das oficinas.

Poéticas Visuais | 185

REVISTA
LUXURY PRINTING

148 autoria: *Vicente Gil | Vicente Gil Arquitetura e Design*

equipe: *Concepção, criação e direção: Vicente Gil; Participantes: Nasha Gil, Guido Giglio e Fábio Liu*

cliente: *Vicente Gil Arquitetura e Design*

Revista de caráter eminentemente experimental na qual se pode perceber uma manifestação poética contra o ornamento. O desafio era criar uma revista que demonstrasse toda a capacitação técnica da gráfica – tipos de impressão, papéis e tintas especiais. Diferente do lugar comum que esse tipo de revista ocupa, a Luxury Printing ironiza os próprios recursos, que foram utilizados de maneira inusitada e inteligente. O projeto deu, ainda, oportunidade para que novos talentos pudessem ser observados e admirados.

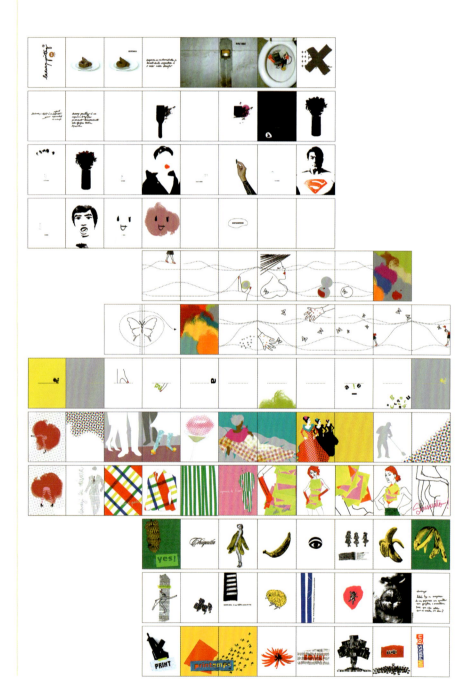

CARTAZ VIDA MARIA

autoria: *Vicente Gil | Vicente Gil Arquitetura e Design*   149

cliente: *Vida Maria*

Cartaz/convite para casamento com características de manifestação. Um convite de casamento completamente diferente do lugar comum em que se encontra a maioria dos convites. A solução foi a criação de um cartaz que pudesse se transformar num convite de casamento, à medida que fosse sendo dobrado. O convite foi realmente utilizado como cartaz em diferentes lugares na cidade de São Paulo. A impressão, em papel vegetal, dá leveza e transparência ao convite quando dobrado.

SANTO DESEJO

autoria: *Design, ilustração e produção: Marina Dalva Nunes Brant | Fábrika Comunicação Integrada*   150

orientação: *Prof. Paulo Bernardo Vaz*

Trabalho de Conclusão da Graduação do curso Desenho Industrial – habilitação em Programação Visual

instituição: *Escola de Design da UFMG*

O universo de Pedro Almodóvar foi analisado e destrinchado para que pudesse ser representado simbolicamente como uma reinterpretação da obra cinematográfica. Para que a linha desenvolvida mantivesse unidade e ressaltasse as principais características plásticas da obra do diretor, foram definidos e seguidos três conceitos principais: a feminilidade, a profusão de cores e o exagero.

Poéticas Visuais | 187

INVESTIGAÇÃO DE PROCEDIMENTOS NO DESIGN GRÁFICO MODERNO E CONTEMPORÂNEO

151 autoria: *Rafael de Azevedo Alves de Abreu*

orientação: *Profa. Myrna de Arruda Nascimento*

Trabalho de Conclusão da Graduação em Design Gráfico

instituição: *Centro Universitário SENAC*

A reflexão visa tecer um paralelismo entre as atitudes projetuais de David Carson e de El Lissitzky, respondendo a pergunta: nos discursos projetuais analisados, há uma correlação estrutural? Alguns recursos sintáticos (fonte geométrica, fios para notas e legendas etc.) marcam presença em todos os momentos do percurso argumentativo, sendo os usos desses elementos incorporados às configurações estabelecidas entre texto e imagem.

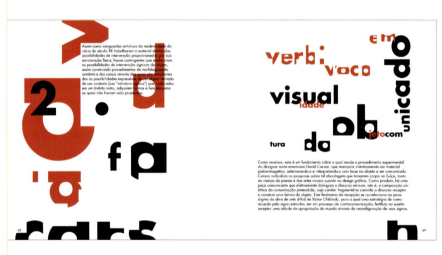

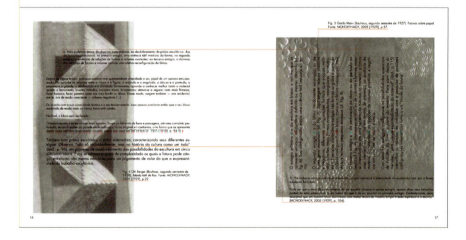

188 Anatomia do Design

OBRA REVELADA (2007)

autoria: *Eduardo Saron Nunes / Itaú Cultural* | 152

equipe: *Direção de design e design: Carolina Tegagni*

cliente: *Itaú Cultural*

Caixa de DVDs que reúne depoimentos de pessoas com perfis e profissões diversas sobre determinada obra de arte que lhes é especial. Apesar de ter um foco em comum (falar sobre uma obra de arte), o conteúdo da caixa com seis DVDs é o mais variado possível, pois trata de assuntos abstratos. Nesse sentido, a identidade visual deve expressar toda a subjetividade contida nos depoimentos de pessoas tão diferentes.

KIMI NII — POSTAL/ POSTER PROMOCIONAL

autoria: *Ruth Klotzel / Estúdio Infinito* | 153

cliente: *Kimi Nii*

Como a artista tem grande quantidade de comunicados durante o ano (novas coleções, vendas especiais etc.) e utiliza cartões para acompanhar suas peças vendidas, pensamos em uma peça de múltiplos usos, criando um cartaz que, cortado, torna-se uma série de postais. O cartaz foi estudado em seu todo e suas partes de modo que cada fragmento tivesse uma composição instigante e interessante. No verso, uma imagem indica a que fragmento do todo o postal corresponde.

Poéticas Visuais

LIVRO VISIONÁRIOS – AUDIOVISUAL NA AMÉRICA LATINA (2008)

154 autoria: *Eduardo Saron Nunes / Itaú Cultural*

equipe: *Direção de design e design: Jader Rosa*

cliente: *Itaú Cultural*

O livro apresenta textos curatoriais e informações sobre as obras selecionadas para a mostra, focadas na produção de cinema e vídeo experimentais dos países da América Latina. A tipografia apresenta interferências gráficas que aludem à qualidade digital do vídeo – a imagem fragmentada em pixels e, por vezes, como que fora de sintonia, de frequência. As seções internas do livro são separadas por folhas de acetato, que fazem referência à película dos filmes.

190 Anatomia do Design

EMBALAGENS E PRODUTOS PARA A AÇÃO DE RELACIONAMENTOS DIA DAS MULHERES — ALMAP

autoria: *Vivian de Cerqueira Leite / Superbacana Design*

cliente: *Almap BBDO*

Marketing de Relacionamento. Ação de relacionamento para o Dia Internacional da Mulher de 2006, destinada a funcionárias e clientes da Almap BBDO. Pequenas necessaires de seda para organizar os objetos que costumam ficar soltos dentro das bolsas femininas.

155

LIVRO SOBRE DESIGN GRÁFICO JAPONÊS

156 autoria: *Silvia Sanae Kabashima*

orientação: *Prof. Vicente Gil*

Trabalho de Conclusão da Graduação em Arquitetura e Urbanismo

instituição: *Faculdade de Arquitetura e Urbanismo/USP*

O design gráfico japonês é uma mistura da tradição com modernidade, de caos com zen, de infantilidade com nonsense. É um objeto de estudo muito rico e diversificado, porém, pouco conhecido no Brasil. Foi criado um livro com costura artesanal japonesa e páginas dobradas que remetem ao origami. Seu texto é exibido com tamanhos de fontes distintas para uma leitura rápida e objetiva. O resultado foi um livro de fácil leitura, rico em peças gráficas de profissionais renomados e de rápida associação com as características-chave do design japonês.

LIVRO OBJETOS DE DESEJOS

157 autoria: *Flávia Castanheiras / Cosac Naify*

cliente: *Editora Cosac Naify*

A ideia é bastante simples: criação de uma capa "customizável" – o leitor monta sua própria capa com a cartela de adesivos que acompanha o livro. De certa forma, permite uma interatividade com o objeto e estimula a compra com o apelo de um brinquedo.

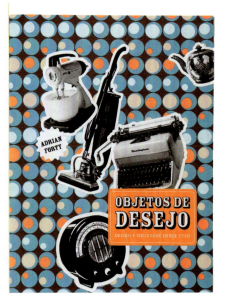

Anatomia do Design

O LIVRO AMARELO DO TERMINAL

autoria: *Elaine Ramos / Cosac Naify*

equipe: *Projeto gráfico: Elaine Ramos e Maria Carolina Sampaio; Produção gráfica: Letícia Mendes*

cliente: *Editora Cosac Naify*

A combinação de elementos pesados e geométricos – inspirados nas sinalizações e nas pinturas dos ônibus – com a sujeira e o acaso das fotocópias e da transparência, cria um contraste que remete à rodoviária: um arcabouço funcional em contraposição ao caos da multidão em trânsito. As linhas da frente e do verso do papel, de gramatura muito baixa, são intercaladas, o que sugere um movimento de ida e volta, deixa a página com um aspecto sujo e caótico, mas ainda assim permite a leitura.

COLEÇÃO COMPLETA MODA BRASILEIRA

159 autoria: *Elaine Ramos | Cosac Naify*

equipe: *Projeto da coleção: Elaine Ramos; Volumes 1, 3 e 5: Elaine Ramos; Volumes 2 e 4: Elaine Ramos e Flávia Castanheira; Volume 9: Elaine Ramos e Maria Carolina Sampaio; Volume 7: Flávia Castanheira; Volumes 6 e 10: Beth Slamek; Volume 8: Mariana Bernd; Produção gráfica: Letícia Mendes*

cliente: *Editora Cosac Naify*

Partindo de elementos comuns entre o universo do livro e da moda – como a costura e as dobras – a encadernação e a sobrecapa garantem a identidade da coleção, permitindo a cada miolo imergir no universo particular de cada um dos estilistas. Embora tenha arcabouços editoriais parecidos (prefácio / ensaio / cronologia) o projeto de cada livro se estrutura a partir do que é mais relevante para cada artista, podendo ser cronológico ou temático.

194 Anatomia do Design

MAQUETES DE PAPEL PAULO MENDES DA ROCHA

autoria: *Flávia Castanheira / Cosac Naify*

160

cliente: *Editora Cosac Naify*

Esse livro é o registro de uma aula que o arquiteto ministrou em Curitiba sobre seu processo de criação. Simula as curvas de nível de uma maquete, e um delicado relevo compõe a capa. Fotos das maquetes de papel feitas pelo arquiteto ilustram o miolo.

Poéticas Visuais | 195

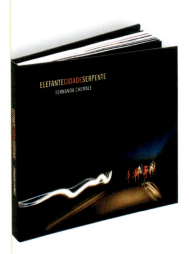

ELEFANTE CIDADE SERPENTE

161 autoria: *Flávio Wild / WildStudio Design*

equipe: *Direção de design e design: Flávio Wild; Fotografia: Fernanda Chemale; Textos: Vários artistas; Edição e arte final: WildStudio Design*

cliente: *Fernanda Chemale*

Esse projeto estabelece a relação entre o design gráfico e as artes visuais, por meio da construção de uma organização gráfica capaz de intercalar as fotografias de Fernanda Chemale com as frases de vários artistas que permeiam a publicação. Um livro de formato pocket e capa dura, com fácil portabilidade.

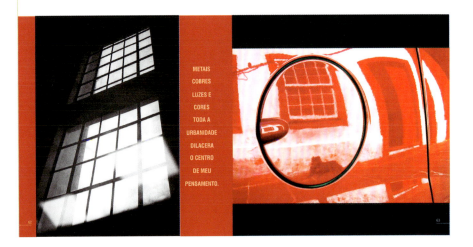

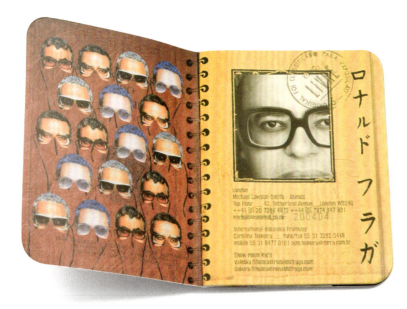

PASSAPORTE PARA O JAPÃO

autoria: *Fabiana Ferraresi / Designlândia*

equipe: *Direção de design: Fabiana Ferraresi e Paola Menezes; Design: Fernanda Barbato, Ho Chich Min e Ieda Shingai; Iconografia: Ronaldo Fraga*

cliente: *Ronaldo Fraga*

Utilização de um documento burocrático que representa a presença de uma pessoa em outro país. Peças gráficas para apresentar para o Japão, de forma sintética, um pouco do histórico do estilista brasileiro.

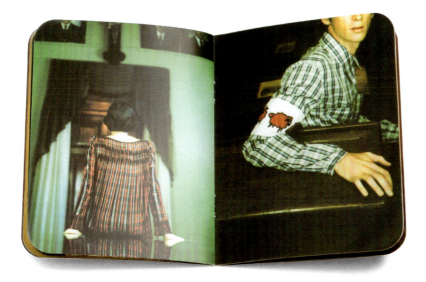

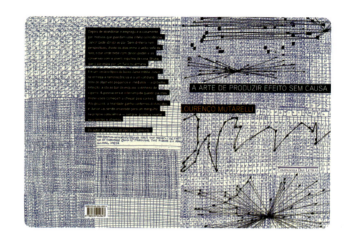

LIVRO A ARTE DE PRODUZIR EFEITO SEM CAUSA

163 autoria: *Mateus Valadares / Máquina Estúdio*

equipe: *Direção de design: Kiko Farkas; Design: Mateus Valadares*
cliente: *Editora Cia das Letras*

Livro de ficção de Lourenço Mutarelli, A arte de produzir efeito sem causa, é a história de um homem que abandona a família e o emprego e volta para a casa do pai, onde a loucura começa a dominar sua mente. O livro, de formato inspirado em um sketchbook, usa ilustrações do artista, feitas com caneta esferográfica, para representar o abalo mental do personagem.

198 Anatomia do Design

LIVRO
ENTRE ATOS E LAÇOS

equipe: *Direção de design: Fabiana Ferraresi e Paola Menezes; Design: Fernanda Barbato, Ho Chich Min, Ieda Shingai e Eduardo Mendanha; Ilustração: Ho Chich Min; Conceito e iconografia: Ronaldo Fraga | Designlândia*

cliente: *Thereza Christina Gontijo Bruzzi Curi*

Utilização de ilustrações e estética com abordagem urbana, utilizando a técnica do grafite. Um livro com textos técnicos de psicanalistas sobre adolescência. O conceito foi inspirado na característica emocional de um adolescente, traduzido pela falta de padrões e regras.

Poéticas Visuais

PAPELARIA DESIGNLÂNDIA

165 autoria: *Fabiana Ferraresi / Designlândia*

equipe: *Direção de design: Fabiana Ferraresi e Paola Menezes; Design: Fernanda Barbato, Ho Chich Min e Ieda Shingai; Ilustração: Convidados*

cliente: *Designlândia*

Representa o Reino do Design, com uma papelaria inspirada nas corporações do governo. Foram convidados designers e artistas de destaque em Belo Horizonte para desenvolverem os selos que são colados do lado externo dos envelopes. Nos envelopes são aplicadas as listras azul e marrom, cor da marca, selos autoadesivos e carimbos antifalsificação. Na parte interna dos envelopes, estão desenhados ícones dos meios de transportes que podem ser utilizados para que o envelope chegue ao destinatário.

LATAS NEVE

166 autoria: *Fabiana Ferraresi / Designlândia*

equipe: *Direção de design: Fabiana Ferraresi e Paola Menezes; Design: Eduardo Mendanha, Fernanda Barbato, Ho Chich Min e Ieda Shingai; Conceito e iconografia: Ronaldo Fraga*

cliente: *Kimberly-Clark Brasil*

Utilização de uma superfície atípica para representação do universo do estilista Ronaldo Fraga. Imagens do universo do estilista foram estampadas em latas de brinde para serem colecionadas. Fortalece a relação entre design gráfico e de moda.

FLYER MAPA DIGITAL

autoria: *Fabiana Ferraresi / Designlândia* **167**

equipe: *Direção de design: Fabiana Ferraresi e Paola Menezes; Design: Fernanda Barbato, Ho Chich Min e Ieda Shingai; Ilustração: Fernanda Barbato / Designlândia*

cliente: *Mapa Digital*

Os Toys Arts foram distribuídos durante o evento para que os próprios visitantes pudessem montá-los: conceito alinhado à ideia de web 2.0 e da própria marca Mapa Digital. Na lateral da folha do Toy Art planificado constam informações sobre a empresa.

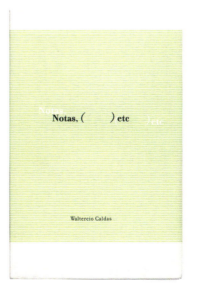

LIVRO - OBJETO NOTAS, ( ) ETC.

autoria: *Rara Dias* **168**

equipe: *Direção de arte: Waltércio Caldas e Rara Dias; Design gráfico: Rara Dias.*

cliente: *Gabinete de Arte Raquel Arnaud*

Livro-objeto contendo pequenos desenhos e textos poéticos do artista plástico Waltércio Caldas com tiragem de 400 exemplares, assinados e numerados. O projeto gráfico traduz a delicadeza contida nos textos e desenhos por meio da escolha da tipografia, dos papéis utilizados, das cores de impressão e da sutil variação de tamanho nas lâminas dos desenhos. Cada exemplar vem protegido por um papel de seda, gravado com um dos desenhos e numerado.

Poéticas Visuais

O CATÁLOGO DO CONDE DE FORTSAS

169 autoria: *Anna Paula Martins*

equipe: *Criação: Anna Paula Martins e Luiza Marcier; Participação: Cleber Teixeira, Zen Serigrafia, José Mindin, Cristina Antunes, Fine Papers, Ana Porto, Maíra Senise, Dj Daedelus, entre outros*

cliente: *Iniciativa própria*

O projeto é a consequência do encontro entre uma designer estilista e uma editora livreira. Além da edição, o projeto abrange uma coleção de roupas, um perfume e um show. A edição não constitui um livro. Dois envelopes formam a capa, cada um contendo um cartaz. Fac-símile, textura de fotocópia e colagem de imagens de pessoas numa gigabiblioteca, ora cheia, ora vazia. Quando o miolo, costurado artesanalmente, é movido, resta o não-livro.

Anatomia do Design

CARTAZ FILE 2007
GEOMATRIZ

autoria: *Fábio Prata | ps.2 arquitetura + design*

equipe: *Direção de design: Fábio Prata e Flávia Nalon; Design: Fábio Prata, Flávia Nalon e Guilherme Falcão; Assistência: Carolina Scagliusi e Marlon Ilg*

cliente: *Festival Internacional de Linguagem Eletrônica – 8ª edição*

Em todo o festival foi adotada uma postura de comunicação não literal, aludindo de forma indireta à linguagem digital. O uso de paisagens bucólicas e animais em pasto tem o propósito de causar estranhamento. O tema do evento, "Geomatriz – Hábitos Reconfigurados", é explorado por meio de imagens de diversos tipos de animais domesticados, que tiveram portanto seu comportamento natural reprogramado pela ação humana. No convite, o uso de hot stamping coloca as informações de texto e o grid da publicação em uma camada de programação sobre a paisagem.

RELATÓRIOS DE SUSTENTABILIDADE DE 2006 E 2007 PARA KLABIN S.A.

171 autoria: *Ana Couto / Ana Couto Branding & Design*

equipe: *Conceito e projeto gráfico: Ana Couto Branding & Design; Fotografia: Acervo Klabin e outros fotógrafos; Ilustração: Poyry Tecnologia Ltda.*

cliente: *Klabin S.A.*

O conceito "Raízes do Crescimento" mostrou que bases sólidas impulsionam os negócios da Klabin e "Investindo para Crescer" enfatizou o investimento no desenvolvimento sustentável para obter grandes resultados. Na ambientação do escritório sede, buscou-se o alinhamento da plataforma da marca e de toda a comunicação já desenvolvida para os relatórios de sustentabilidade.

204 Anatomia do Design

CRÔNICA DE D. MARIA QUITÉRIA DOS INHAMUNS

172

autoria: *Wagner Alves | Anagraphia*

equipe: *Projeto gráfico: Wagner Alves; Poema: João Bosco Bezerra Bonfim; Ilustração: Côca Torquato; Alfabeto Armorial: Virgílio Maia*

cliente: *João Bosco Bezerra Bonfim*

Criar o projeto gráfico para a narrativa do poema em uma linguagem gráfica rudimentar ligada à tradição do alfabeto armorial e à mitologia do sertão nordestino, mas mantendo a estrutura para a publicação. Para manter o contexto e o sentimento, foram utilizadas ilustrações de tinta diluída com terra. O texto foi distribuído, vinculado às imagens em um diálogo gráfico intenso e constante. O alfabeto armorial marca o tom quase medieval para a publicação.

Poéticas Visuais 205

SPA DAS ARTES 2008

173 autoria: *Luciana Calheiros / Zoludesign*

equipe: *Direção de design: Luciana Calheiros; Design: Aurélio Velho, Matheus Barbosa; Assistência: Tainá Tamashiro*

cliente: *SPA das Artes*

O SPA das Artes é considerado um dos mais importantes encontros de intervenção e ação urbana nas artes visuais do país. Nessa edição, o conceito de território e deslocamento foi enfatizado. Acrescentamos à identidade visual, feita com a linguagem do estêncil, o asfalto e as sinalizações de trânsito no chão para sugerir a noção de deslocamento e, ao mesmo tempo, o caráter urbano, imprescindível ao evento.

206 Anatomia do Design

SPA DAS ARTES 2007

autoria: *Luciana Calheiros / Zoludesign*

equipe: *Direção de design: Luciana Calheiros; Design: Aurélio Velho, Matheus Barbosa; Fotografia: Josivan Rodrigues*

cliente: *SPA das Artes*

O SPA das Artes é um evento no qual as artes visuais invadem as ruas do Recife. Diversos artistas de todo país propõem intervenções urbanas que agitam o cotidiano da cidade. Artes visuais, artes gráficas e design. A união dessas vertentes para criar algo novo, visualmente atraente, sem deixar de lado uma comunicação eficaz. A orelha da Revispa – publicação do SPA das Artes – traz um molde vazado, uma possível matriz de estêncil, numa sugestiva interação com o usuário.

PRÊMIO CNI SESI MARCANTÔNIO VILAÇA PARA ARTES PLÁSTICAS

175 autoria: *Marise de Chirico / Estação Design Gráfico*

equipe: *Projeto gráfico: Marise de Chirico e Adriana Campos; Assistência: Juliana Kuperman e Nicole Ramos; Impressão: Gráfica Aquarela; Produtora gráfica: Regina Garjulli*

cliente: *CNI SESI*

A identidade do prêmio dialoga com uma das obras dos artistas premiados. O projeto gráfico é uma metalinguagem da feitura do livro. A capa do catálogo faz parte da identidade do prêmio e apresenta um grafismo retirado de um fragmento da pintura de Lucia Laguna. O uso do vermelho e do prata (cores da identidade), afasta ainda mais o resultado final da obra original.

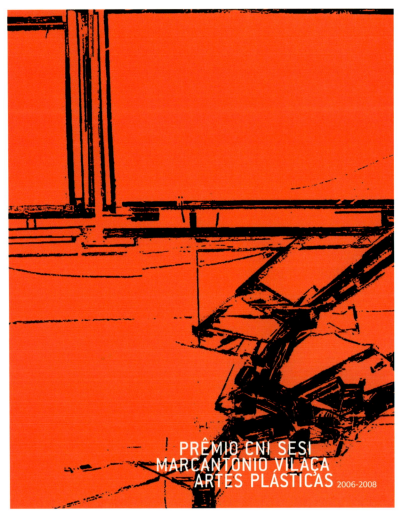

208　Anatomia do Design

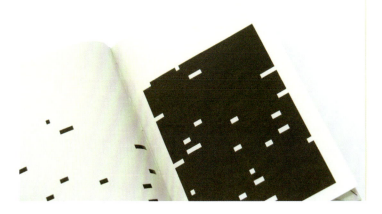

LIVRO DESENQUADRAMENTO

autoria: *Rafael Maia* 176

equipe: *Direção de design: Rafael Maia; Ilustração: Adriana Banana e Adriane Gallinari; Fotografia: Cuia Guimarães; Tratamento de imagens: Rafael Maia e Guilherme Albuquerque; Montagem: Frente e Verso*

cliente: *Adriana Banana / Clube Ur=Hor*

O projeto promove o diálogo do design gráfico com a dança contemporânea, transpondo para um livro o conteúdo das pesquisas da coreógrafa Adriana Banana. O livro pretende abolir o texto e, com isso, proporcionar ao leitor uma experiência coreográfica. A diagramação se utiliza do espaço como uma construção cognitiva e não como um dado externo recebido passivamente. Texto e imagens sincronizados culminam em intrigante design sequencial, levando a cabo a ideia da imagem que é texto e do texto que é imagem.

LIVRO ENTRE NÓS

177 autoria: *Rico Lins | Rico Lins + Studio*

cliente: *Editora Língua Geral*

Projeto gráfico da coleção Língua franca, que reúne antologias de textos literários brasileiros organizados a partir de temas da sociedade contemporânea, tendo a homossexualidade como tema do primeiro livro. Numa alusão, as tradicionais antologias encadernadas em tecido, a capa forrada de chita foi virada pelo avesso, revelando o nome dos autores.

COLEÇÃO PONTA DE LANÇA

178 autoria: *Rico Lins | Rico Lins + Studio*

cliente: *Editora Língua Geral*

Criação da coleção de lançamento da Editora Língua Geral, especializada no idioma português falado no Brasil, Portugal e África. Imagens inusitadas, cores saturadas e formato de agenda de bolso foram adotados para apresentação ao público brasileiro de jovens autores de língua portuguesa de expressão internacional.

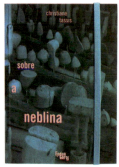

LIVRO A BOLA E O GOLEIRO

autoria: *Kiko Farkas | Máquina Estúdio*   179

cliente: *Editora Cia das Letras*

Projeto gráfico para re-edição do livro infantil A Bola e o Goleiro, *de Jorge Amado. A bola faceira que se apaixona por um goleiro frangueiro ganha uma contemporaneidade nos desenhos fluidos e coloridos. O formato foi pensado em função da proporção do gol.*

CATÁLOGO JOSÉ DE QUADROS: JOGOS DE ARMAR

autoria: *Kiko Farkas | Máquina Estúdio*   180

equipe: *Direção de design: Kiko Farkas; Design: Thiago Lacaz*

cliente: *Museu Lasar Segal*

Catálogo da exposição Jogos de armar, do artista plástico José de Quadros. A obra consiste na representação de pragas em desenhos sobre jornais da Alemanha nazista. O catálogo explora o suporte e a escala das obras, reproduzindo-as de modo a manter seus detalhes e reforçar seu conceito por meio do formato de um jornal.

Poéticas Visuais | 211

KIT PARA LANÇAMETO DOS CELULARES COM MÚSICA DA NOKIA

181 autoria: *Beatriz Ejchel | Beatriz Ejchel Design*

cliente: *Nokia*

Diálogo do design com a arte e a cultura, inspirador e gerador de experiência inusitada. Um kit de lançamento de celular, para ser entregue para as operadoras, que apresenta e destaca as recém-criadas funcionalidades de música dos aparelhos de celular Nokia. Inspirado na Babuska russa, mostra a evolução da música em três tempos: na caixa externa, o vinil, dentro dela, o CD, o logo Nokia e, dentro da caixa, o celular Nokia no qual se pode colocar música. O folder apresenta os diferentes aparelhos que oferecem essa funcionalidade.

Anatomia do Design

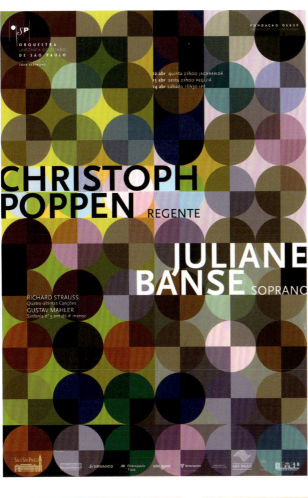

CARTAZES OSESP

autoria: *Kiko Farkas | Máquina Estúdio*

182

equipe: *Direção de design: Kiko Farkas; Design: Kiko Farkas, Elisa Caroso, Mateus Valadares e Caio Campana*

cliente: *Orquestra Sinfônica do Estado de São Paulo*

Cartazes da programação semanal dos concertos da orquestra sinfônica de São Paulo. O universo gráfico dialoga com o universo musical. A criação de padrões é estruturada graficamente por ritmo e intensa aplicação de cor.

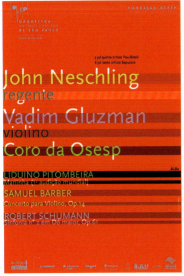

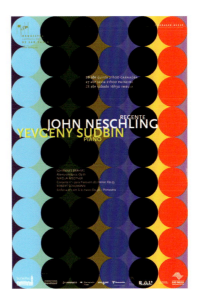

Poéticas Visuais

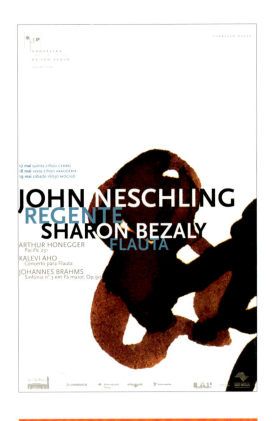

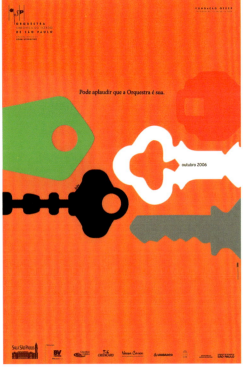

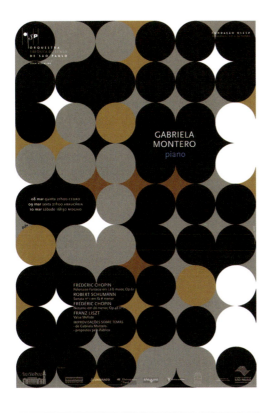

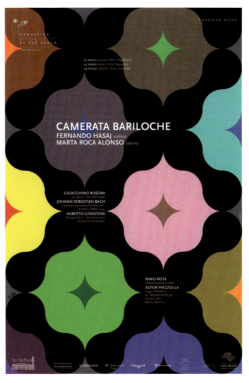

Poéticas Visuais | 215

8 COMUNICAÇÃO SINTÉTICA

Chico Homem de Melo

CAPÍTULO 8

Comunicação Sintética

Os caminhos da identidade

Chico Homem de Melo

Os trabalhos reunidos nesta categoria tratam do design da identidade. São cerca de 50 projetos selecionados a partir de um total de mais de 350 inscrições. Esse é o universo que vamos examinar aqui.

Em virtude do formato das inscrições estabelecido para esta edição da Bienal, os trabalhos que abordam o design da identidade dividiram-se entre as categorias Comunicação sintética e Design propulsor da economia, com ampla predominância de inscrições na primeira. Durante o processo de seleção, alguns dos projetos inscritos na categoria Design propulsor da economia foram transferidos para Comunicação sintética. Com isso, salvo quatro ou cinco que permaneceram naquela categoria, o conjunto de trabalhos reunido em Comunicação sintética nos permite ter uma visão panorâmica da produção brasileira no campo do design da identidade nos últimos dois anos.

Iniciemos então um percurso pelos trabalhos selecionados, seguindo a sequência de sua reprodução ao longo das páginas dedicadas a esta categoria. Não vamos discutir aqui o branding, o design estratégico, ou os rumos da gestão de sistemas complexos de identidade corporativa. Vamos comentar brevemente a linguagem gráfica desses cerca de 50 trabalhos; em outras palavras, vamos comentar o leque de soluções de desenho que podem ser observadas nesses projetos.

Um caso à parte: os Jogos Rio 2007

Jogos Pan-americanos e Parapan Rio 2007, ambos de autoria da Dupla Design

Os Jogos Pan-americanos Rio 2007, seguidos do Parapan Rio 2007, constituíram o maior evento internacional abrigado no país, em décadas. Tradicionalmente, os Jogos Olímpicos são um acontecimento marcante também no campo do design, pois seu projeto de identidade visual acaba sendo assumido pelo país-sede como a identidade cultural do próprio país, a imagem com a qual ele se apresenta ao mundo. Mantidas as devidas proporções, vale o mesmo para os Jogos Pan-americanos. Foi uma ocasião especial, na qual o Brasil teve oportunidade de mostrar sua cara para as Américas.

O projeto de autoria do escritório Dupla Design começou em 2003, ao vencer a concorrência fechada para escolha do símbolo do evento. De lá para cá, foram sendo definidos, um a um, todo o conjunto de itens que integraram a identidade visual dessa edição dos Jogos. Os últimos itens desenvolvidos são mostrados nesta Bienal: medalhas, tocha e mascote. Além deles, temos também o símbolo do Parapan 2007, mais um integrante da complexa arquitetura de marca concebida pelo escritório. Um projeto de grande porte e alta visibilidade, exemplo de processo de gestão em design, conduzido com segurança e bons resultados.

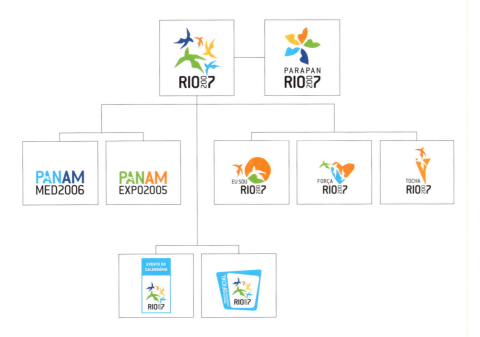

MEDALHAS, TOCHA, MASCOTE E PÔSTER DOS JOGOS PAN-AMERICANOS RIO 2007

equipe: *Direção de design: Ney Valle, Claudia Gamboa; Design: Beatriz Abreu (medalhas), Fabiana Takeda (mascote, pôster, tocha); Produção gráfica: Inez Alves (pôster) | Dupla Design*

cliente: *Comitê Organizador dos Jogos Rio 2007*

Descrição do trabalho, com base em texto fornecido pelos autores

Na arquitetura de marcas criada para o Projeto Rio 2007, todas as submarcas deveriam ter como ponto de partida um pássaro da marca Rio 2007. Se, por um lado, essa decisão criou um ponto comum, forte, entre elas, por outro se tornou um desafio criativo para os designers. O Projeto Tocha Rio 2007, uma das submarcas Rio 2007, antecedeu os Jogos e terminou na Cerimônia de Abertura. O projeto foi abordado como um evento em si, com identidade e look & feel próprios.
As medalhas Rio 2007 deveriam transmitir o caráter inovador que permeou todo o Projeto Rio

2007, mesclando modernidade com tradição olímpica. O projeto de design explorou a transparência e a leveza do acrílico – ícone da modernidade –, em contraponto ao peso e à tradição do metal. Do ponto de vista do desenho, foi adotada a forma trapeizodal, de modo a acentuar a sugestão de movimento, característica do Projeto Rio 2007. O mascote, "mestre de cerimônias" do Pan Rio 2007, tinha de ser uma tradução do Rio, do esporte, do Brasil. Deveria ainda ser alusivo aos ideais olímpicos e à cultura das Américas. O conceito "Sol" ganhou vida por meio do simpático Cauê. Concebido a partir dos mesmos princípios gráficos da marca Rio 2007, ele se tornou a cara do evento e um sucesso entre crianças e adultos. O pôster oficial que o apresenta ao público mostra toda sua simpatia, calor, energia e alegria. Na família de pictogramas, é ele quem pratica os diversos esportes que compõem o evento. Pela primeira vez, na história dos Jogos Olímpicos e Pan-americanos, houve um só mascote para o Pan e o Parapan, concretizando o ideal olímpico de não discriminação. E ninguém melhor que o Sol para cumprir esse papel – afinal, conforme o dito popular, ele nasceu para todos.

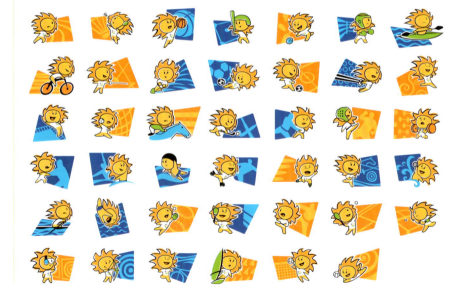

220　Anatomia do Design

IDENTIDADE VISUAL DO PARAPAN RIO 2007

equipe: *Direção de design: Ney Valle, Claudia Gamboa; Design: Fabiana Takeda | Dupla Design*

cliente: *Comitê Organizador dos Jogos Rio 2007*

Descrição do trabalho, com base em texto fornecido pelos autores

O Parapan é um evento complementar ao Pan Rio 2007. A intenção do Comitê Organizador era fugir dos clichês usados em eventos voltados a atletas especiais. Na marca do Pan Rio 2007, o Pão de Açúcar, principal ícone da paisagem carioca, forma-se a partir do recorte na asa de cada pássaro. Na marca do Parapan, o mesmo Pão de Açúcar torna-se o elemento principal. A rotação de seu desenho forma um surpreendente atleta-estrela. Da marca Rio 2007 são mantidos os conceitos centrais —representar a cidade-sede, ser alusivo ao Brasil e aos ideais olímpicos—, as cores e a assinatura Rio 2007 — esportiva, moderna e tecnológica. Desse modo, fica ainda mais reforçada a relação entre os dois eventos.

184

Comunicação Sintética

Os polígonos regulares cedem lugar aos ameboides

EMS, Dreen, Athiva e CPFL Cultura, os quatro de autoria da Gad Design; Oris, da A10 Design; Flexpave, de Joaquim Presas; Velocità, de Milton Cipis; Emes, da Rex Design; selo de 200 anos do Banco do Brasil, de Marcos Minini; e Entel, da Future Brand BC&H

Este primeiro grupo de trabalhos nos revela que o elenco de formas adotado pelo design modernista, composto hegemonicamente pela geometria dos polígonos regulares, perdeu sua primazia e abriu espaço para a emergência dos ameboides. É um grupo quantitativamente muito expressivo — cerca de 20% do total de projetos selecionados. Após décadas de predomínio do léxico gráfico modernista, não apenas a ortogonalidade cede lugar às curvas suaves, como também as cores chapadas cedem lugar aos degradês, e os ângulos retos cedem lugar aos cantos arredondados. O invariável é substituído pelo flexível, as formas rígidas tornam-se ondulantes e sinuosas. O curioso é que os projetos deste grupo, em sua maioria, são destinados a empresas de porte médio ou grande, não a empreendimentos alternativos ou culturais. Definitivamente, o léxico gráfico modernista não é mais a única língua falada pelo mundo corporativo.

IDENTIDADE VISUAL DA EMS

185 autoria: *Hugo Kovadloff / GAD Design*

equipe: *Direção geral: Luciano Deos; Direção de design: Hugo Kovadloff; Direção de estratégia de marca: Fernando Sganga; Design: André Electo, Vitor Araripe*

cliente: *EMS*

Descrição do trabalho, com base em texto fornecido pelos autores

Projeto de identidade da EMS, visando refletir o novo posicionamento da empresa líder do segmento farmacêutico e em crescente expansão internacional. Formas orgânicas, cor e tipografia mais próximas e menos corporativas deram à nova identidade um tom de modernidade, tornando-a mais amigável e flexível do que a anterior. O formato semelhante a uma molécula remete ao processo constante de pesquisa e inovação da empresa.

IDENTIDADE VISUAL DA DREEN RE-ENERGY

autoria: *Hugo Kovadloff / GAD Design*

equipe: *Direção geral: Luciano Deos; Direção de design: Hugo Kovadloff; Direção de estratégia de marca: Fernando Sganga; Design: André Electo; Naming: Rodrigo Conde; Assistência de design: Givaldo Silva*

cliente: *Dreen Re-Energy*

186

Descrição do trabalho, com base em texto fornecido pelos autores

Projeto de estratégia, naming e identidade de uma holding de energia renovável, fruto da reunião da Galvão Energia Brasil e da Enerpura Portugal. O nome Dreen deriva da fusão das palavras dream e green. Buscou-se um símbolo que representasse as diversas formas de energia renovável e que fosse mais emocional, rompendo com o padrão do setor. As cores e formas ganham significado quando pensamos que o verde remete à biomassa, o laranja e amarelo à energia solar, e o azul à água. Desse modo, todas as cores —e as energias— são reunidas num mesmo movimento.

IDENTIDADE VISUAL DO GRUPO ATHIVA

187 autoria: *Hugo Kovadloff / GAD Design*

equipe: *Direção geral: Luciano Deos; Direção de design: Hugo Kovadloff; Direção de estratégia de marca: Fernando Sganga; Design: Rogério Oddone; Naming: Rodrigo Conde; Assistência de design: Lincoln Rodrigues*

cliente: *Grupo Athiva*

Descrição do trabalho, com base em texto fornecido pelos autores

Projeto de estratégia, naming e identidade visual do Grupo Athiva, composto pela fusão das empresas do ramo têxtil Latina e Diklatex. Foi criada uma arquitetura de marca monolítica – o mesmo símbolo é utilizado na identidade das duas empresas, com variação apenas dos padrões cromáticos. O desenho do símbolo traduz os principais atributos do grupo: agilidade, trabalho conjunto, força e evolução contínua.

IDENTIDADE VISUAL DA CPFL CULTURA

autoria: *Hugo Kovadloff / GAD Design*

188

equipe: *Direção geral: Luciano Deos; Direção de design: Valpírio Monteiro, Hugo Kovadloff; Design: Paulo Gontijo*

cliente: *CPFL Cultura*

Descrição do trabalho, com base em texto fornecido pelos autores

Projeto de identidade da CPFL Cultura, instituição ligada à CPFL Energia, cujo objetivo é estimular, abrigar e divulgar a reflexão sobre os desafios do mundo contemporâneo. Foi desenvolvida uma marca em movimento, singular, inimitável e contemporânea. O conceito parte da luz – luz como energia em movimento, como corrente dos que querem o saber. Luz de redes interconectadas, luz como matéria maleável. A marca representa a síntese do posicionamento e dos principais atributos da CPFL Cultura.

IDENTIDADE VISUAL DA ORIS

189 autoria: *Margot Takeda / A10 Design*

equipe: *Direção de criação: Margot Takeda; Design: Danilo Tranquilli; Gerente de conta: Isabella Ferreira*

cliente: *Oris*

Descrição do trabalho, com base em texto fornecido pelos autores

Estando já presente no mercado de alimentos, porém, com perspectivas de crescimento em nicho de consumidores finais, a Oris sentiu necessidade de uma identidade visual que permitisse tal expansão e que também carregasse as premissas da marca já existente. Por meio de uma forma orgânica e cores representativas como o vermelho, a identidade visual foi criada a partir de uma estrutura híbrida que lembra uma gota, com toque natural refletido na tipologia, além de um pequeno elemento verde inserido na letra O.

IDENTIDADE VISUAL DA FLEXPAVE

autoria: *Joaquin F. Presas*   **190**

equipe: *Direção de design: Joaquin F. Presas; Design: Fabio Heinzen e Joaquin F. Presas; Arte final: Fabio Heinzen; Atendimento: Ana Paula Adamowicz; Aprovação: Mariana Rigotto e Marcos Greca*

cliente: *Greca Asfaltos*

Descrição do trabalho, com base em texto fornecido pelos autores

O projeto visou sintetizar os atributos de nova linha de asfaltos modificados, destacando aspectos como flexibilidade, durabilidade, inovação e tecnologia – e tendo de enfrentar o desafio de comunicar, de forma plástica, as características de um produto de pouco apelo estético como é o asfalto. A marca é dinâmica e remete à flexibilidade da borracha de pneu, utilizada na composição do asfalto ecológico. O nome é fruto da junção de Flex, de flexibilidade, e Pave, de pavimentação. Além da marca para a linha, foram criadas quatro derivações, para quatro produtos distintos.

IDENTIDADE VISUAL DA VELOCITÀ

191 autoria: *Milton Cipis | Brander Branding Expression*

equipe: *Direção de design: Milton Cipis e Marco Ruotolo; Design: Sérgio Melo; Assistência: Haroldo Mazer, Maya Pope; Fotografia: Hilton Ribeiro; Produção: Cláudio Stepanies; Design de ambiente: Marco Ruotolo e Cláudia Eccard*

cliente: *Velocitá*

Descrição do trabalho, com base em texto fornecido pelos autores

Projeto de redesenho de identidade visual de loja de artigos esportivos, realizado em virtude de seu novo posicionamento como empresa especializada em artigos para corredores. Com o objetivo de transmitir velocidade, foi desenhado um sinal em forma de seta, no qual o logotipo sai do plano de fundo para frente. Os cartões, tags e anúncios são horizontais, com a marca aplicada à direita, obrigando o olho a correr atrás dela. Na linguagem visual adotada, tudo transpira velocidade – formatos, tipografia, alinhamentos e fotos.

228 **Anatomia do Design**

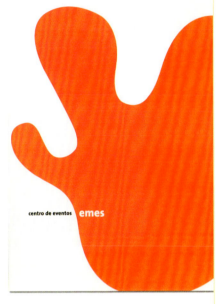

IDENTIDADE VISUAL DO CENTRO DE EVENTOS EMES

autoria: *Gustavo Piqueira & Marco Aurélio Kato | Rex Design*

cliente: *Centro de Eventos Emes*
Descrição do trabalho, com base em texto fornecido pelos autores

Projeto de sistema de identidade visual para o Centro de Eventos Emes, a maior e mais conhecida casa de shows de Aracaju, que funciona também como centro de convenções e palco de formaturas. Com tantas funções acumuladas, era quase obrigatório que seu sistema de identidade visual se mantivesse neutro. Mas neutralidade não é necessariamente sinônimo de monotonia. Formas orgânicas abstratas e de cores diversas constituem a base do projeto. O fato de as formas nunca se repetirem, acrescenta um bem-vindo tempero lúdico aos ambientes.

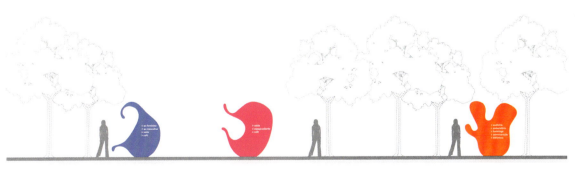

SELO COMEMORATIVO DE 200 ANOS DO BANCO DO BRASIL

193 autoria: *Marcos Minini / Master Promo*

cliente: *Banco do Brasil*

Descrição do trabalho, com base em texto fornecido pelos autores

Para celebrar seus 200 anos de existência, o Banco do Brasil escolheu sua política de sustentabilidade como tema para todas as ações envolvendo funcionários e clientes, revendo processos e desenvolvendo produtos e serviços à luz de seus impactos sociais e ambientais. O selo comemorativo foi criado para simbolizar esse momento de tantas mudanças, e para transmitir os valores da sustentabilidade e o espírito de celebração. O selo está sendo usado em todas as ações de comunicação do Banco do Brasil no País e no exterior.

IDENTIDADE VISUAL DA ENTEL

194 equipe: *FutureBrand BC&H*

cliente: *Entel*

Descrição do trabalho, com base em texto fornecido pelos autores

Criação da marca e do manual de identidade visual da Entel, a maior empresa de telecomunicações da Bolívia. Com sua aquisição pela Tim, a Entel precisava adequar-se ao posicionamento "viver sem fronteiras" da empresa-mãe. Para isso, foram adotados elementos orgânicos, que transmitem as ideias de movimento e leveza. Por meio de variações de uma mesma forma, a marca manifesta seu caráter flexível e dinâmico. A tipografia adotada traz em seu desenho conceitos de precisão, solidez e leveza.

Anatomia do Design

Os fundos chapados cedem lugar aos fundos qualificados

Grupo Pão de Açúcar, Chevrolet e Kinea, os três de autoria da Future Brand BC&H

Os recursos oferecidos pelas tecnologias digitais permitiram que uma dose maior de complexidade visual fosse incorporada aos projetos de identidade de grandes empresas. Esses três trabalhos formam um subgrupo do grupo anterior. Os três já não fazem uso de fundos de cor chapada para apoiar a tipografia, mas passaram a qualificar esses fundos, seja com degradês, como no Grupo Pão de Açúcar e no Chevrolet, seja com manchas de cor, como no Kinea. Se no bloco anterior falamos de flexibilização da antiga rigidez das formas, aqui estamos falando da quebra da homogeneidade cromática dos fundos. Tudo se suaviza, amolece, ganha variedade e complexidade. E, do mesmo modo como no bloco anterior, estamos falando de projetos voltados ao big business, não de iniciativas marginais voltadas ao grande mercado.

Cabe uma observação para evitar mal-entendidos. Esses trabalhos não constituem a negação do modernismo, antes pelo contrário. Os fundamentos do ideário modernista continuam intactos: limpeza, concisão, pregnância, sistema. O que pode ser observado é uma renovação de formas —de sintaxe—, não de estrutura. O aumento da complexidade formal se dá em consonância com as possibilidades oferecidas pelas novas tecnologias gráficas, o que, de resto, mais uma vez confirma os ensinamentos modernistas. Não podemos esquecer que o pós-modernismo pode ser pós, mas a referência continua sendo o modernismo.

IDENTIDADE VISUAL GRUPO PÃO DE AÇÚCAR

195 autoria: *Equipe FutureBrand BC&H*

cliente: *Grupo Pão de Açúcar*

Descrição do trabalho, com base em texto fornecido pelos autores

Desenvolvimento de arquitetura de marca, da nova marca corporativa e da identidade visual. O projeto visou traduzir visualmente os caminhos adotados pelo grupo empresarial, sintetizados nos conceitos de dinamismo e compromisso com o futuro. A identidade visual incorporou atributos como solidez e transparência, presentes na paleta de cores, nos grafismos e na família tipográfica. O resultado confere consistência ao conjunto, transmitindo a solidez e a inovação que singularizam o Grupo Pão de Açúcar.

PADRÃO GRÁFICO PARA COMUNICAÇÃO CHEVROLET

autoria: *Ewerton Mokarzel e equipe FutureBrand BC&H*

cliente: *Chevrolet*

Descrição do trabalho, com base em texto fornecido pelos autores

Criação de um manual de identidade visual para a Chevrolet. Com a globalização, a empresa detectou a necessidade de padronizar sua comunicação de marca. Para isso, era necessária a criação de um manual, incluindo conceitos, padrões de assinatura, padrões gráficos, esquemas de cores, além de exemplos de uso em material promocional, em serviços e em propaganda. Com o manual e a nova identidade visual, a marca Chevrolet ganhou unicidade e distinção em sua comunicação, gerando valor para a empresa.

196

**IDENTIDADE VISUAL
KINEA**

197 autoria: *Ewerton Mokarzel e equipe FutureBrand BC&H*

cliente: *Banco Itaú*

Descrição do trabalho, com base em texto fornecido pelos autores

*Desenvolvimento de uma estratégia de marca e criação de nome e de marca para empresa do segmento de investimentos alternativos do Itaú.
Decidido a criar sua própria casa de investimentos alternativos, o Itaú – um banco sólido e tradicional – enfrentava o ceticismo do mercado quanto à sua afinidade com esse novo segmento de negócios. Uma estratégia de marca foi definida, ressaltando os conceitos de performance, integridade e perspectiva. O nome Kinea foi criado a partir da palavra "cinética". Adotou-se o uso da marca-mãe como endosso, conferindo ao empreendimento a solidez do Itaú.*

Kinea

uma empresa

E a geometria das formas simples segue dando bons frutos

I Bienal Brasileira de Design, de autoria da Gad Design; Casa da Palavra e Galeria Nara Roesler, ambos da Tecnopop

A explosão de ameboides e sinuosidades não significa que não há mais espaço para a geometria das formas simples e do desenho seco. Longe disso. Este grupo de três trabalhos atesta as muitas possibilidades de invenção dentro da linhagem sintática modernista.

IDENTIDADE 1ª BIENAL BRASILEIRA DE DESIGN

autoria: *Hugo kovadloff / GAD Design*

equipe: *Direção de design: Hugo Kovadloff; Design: Paulo Gontijo e Roberta Leal*

cliente: *Movimento Brasil Competitivo*

Descrição do trabalho, com base em texto fornecido pelos autores

Projeto de símbolo para a I Bienal Brasileira de Design. Explorando o desenho da letra D, o sinal representa o Design, reforçando algumas de suas características: ser puro, buscar a simplicidade e a atemporalidade, sugerir ilusão, ser tridimensional, ser forte. Além da questão conceitual, a aplicabilidade é simples, permitindo sua utilização em fundos coloridos, sem perder a particularidade. A marca foi, inicialmente, projetada para a primeira bienal, mas sua atemporalidade permite que seja utilizada por muito tempo.

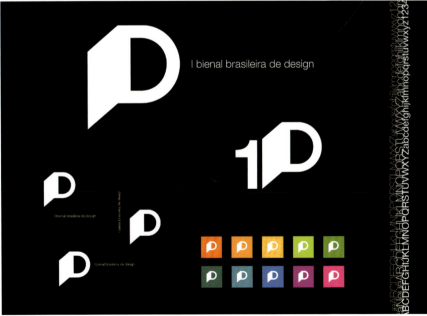

CASA DA PALAVRA

199 autoria: *André Stolarski / Tecnopop*

equipe: *Direção de design: André Stolarski; Design: André Stolarski, André Lima, Miguel Nóbrega e Rafael Alves*

cliente: *Casa da Palavra*

Descrição do trabalho, com base em texto fornecido pelos autores

O projeto baseia-se na fusão visual de "casa" e "palavra", esta última representada pelo balão das histórias em quadrinhos — um símbolo de sua popularização. A editora, caracterizada pela qualidade de seu catálogo e pelo cuidado editorial, pretendia abrir novos caminhos em direção à popularização do prazer da leitura, ampliando os limites do próprio livro. A reformulação da marca adotou o mote "O livro além do livro", produzindo uma síntese visual forte, eficaz e imediatamente reconhecível. Sua performance no estreito ambiente das lombadas de livros merece especial destaque.

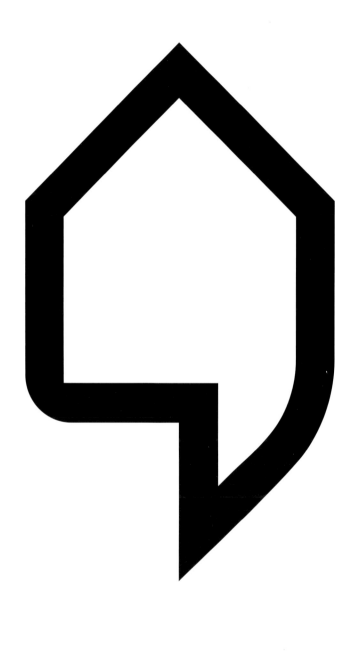

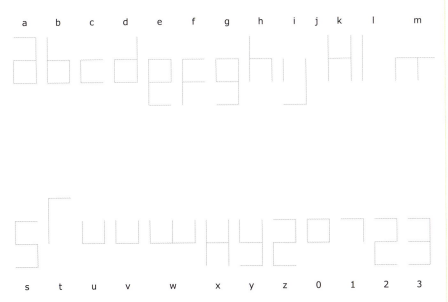

**IDENTIDADE VISUAL
NARA ROESLER
MARCA E ALFABETO**

autoria: *André Stolarski / Tecnopop*

200

equipe: *Direção de design: André Stolarski; Design: André Lima, Rafael Alves e Sônia Barreto; Web design: Leonardo Rodrigues e Fabiana Lizak; Programação HTML: Cláudio Pires e Silvia Cunha*

cliente: *Galeria Nara Roesler*

Descrição do trabalho, com base em texto fornecido pelos autores

Operando no limite entre arte construtiva e tipografia, foi criado um sistema de identidade visual eficiente e afinado com o acervo de uma das mais importantes galerias do país. O projeto buscou traduzir essa importância, ampliar a eficácia da gestão interna e dialogar com o acervo. Para aumentar o rendimento da marca, reduziu-se o nome da galeria à sigla geométrica GNR, da qual derivou um alfabeto construtivo completo. Todas as aplicações passaram a organizar-se pelo diagrama e pelos monogramas desse alfabeto.

Públicos segmentados, referências específicas

Triton, de autoria de Ricardo van Steen; coleção 2008 da Nanquim, de Marcelo Cupertino; Talk, da Ogilvy & Mather, MG; Bat! Eventos, da Torchetti Design; Museu Exploratório de Ciências, da Máquina Estúdio; Circo Spacial, de Gustavo Piqueira & Marco Aurelio Kato; MIS e Brasa, ambos da ps.2 arquitetura + design

Entramos aqui no território dos empreendimentos voltados a públicos segmentados, que permitem —ou por vezes exigem— a adoção de soluções com uma dose maior de surpresa. A saída é adotar uma referência de linguagem que funcione como um código compartilhado com o público que se pretende sensibilizar. Em dois trabalhos voltados à moda, temos, de um lado, a estética da goma de mascar adotada na Triton, e, de outro, a linguagem da gráfica de protesto de maio de 1968, adotada na coleção da Nanquim.

Nos projetos da Talk e da Bat!, as referências são a cultura pop e a história em quadrinhos; no Museu Exploratório de Ciências, temos a fusão da linguagem do pictograma com o desenho de humor; no Circo Spacial, quem dá o tom à solução gráfica é a toy art; no MIS, a chave é a tela dos artefatos de tecnologia digital, enquanto no projeto do Brasa é a paródia aos desenhos de manuais de instruções. Uma variedade de referências, gerando uma variedade de soluções gráficas.

REBRAND TRITON

201 *autoria: Ricardo van Steen / Tempo Design*

equipe: Conceituação e direção de design: Ricardo van Steen; Design: Cássio Leitão e Ricardo van Steen

cliente: Triton

Descrição do trabalho, com base em texto fornecido pelos autores

A marca de uma confecção de roupas define seu público, seu caráter, seu preço. A Triton vende roupas para o público jovem há trinta anos. Reinventar-se a ponto de convencer o jovem do século XXI era o desafio. Foram realizadas pesquisas que localizaram os atributos da marca que resistiram ao tempo, e que passaram então a orientar o projeto de design: a garota que usa Triton é imediatista, saborosa, hedonista, rock and roll... O lançamento da nova linguagem teve uma forte campanha de divulgação e uma série de embalagens especiais baseadas na estética da goma de mascar.

IDENTIDADE VISUAL NANQUIM E COLEÇÃO OUTONO/INVERNO 68/08

autoria: *Marcelo Cupertino*

equipe: *Projeto de identidade visual: Teo Menna, Valentina Aires; Projeto da coleção Outono/Inverno 68/08: Amanda Oliveira, Rogério Maciel, Teo Menna e Valentina Aires*

cliente: *Nanquim*

Descrição do trabalho, com base em texto fornecido pelos autores

Em um ateliê com abordagem experimental, a discussão sobre as relações entre design, moda e arte é obrigatória. A identidade visual do Nanquim deveria ser, ao mesmo tempo, de fácil reconhecimento e flexível para adaptar-se à visualidade de cada coleção. A coleção Outono/Inverno 68/08 tomou como tema as manifestações de maio de 1968. Foi criada uma família de cinco cartazes para a ambientação da loja, apropriando-se da linguagem do design francês da época – a rusticidade das mensagens produzidas no calor das manifestações está presente nos cartazes impressos em papel jornal, enrugados e mal-acabados.

MARCA E IDENTIDADE VISUAL TALK

203 autoria: *Guilherme Albuquerque de Moraes / Ogilvy & Mather MG*

equipe: *Design: Guilherme Albuquerque de Moraes; Assistência: Daniela Fahur*

cliente: *Telemig Celular*

Descrição do trabalho, com base em texto fornecido pelos autores

Projeto de marca para novo serviço oferecido pela Telemig Celular, por meio do qual as pessoas podem conversar sem limites, apertando apenas um botão. O serviço é uma mistura de internet com celular, permitindo que uma rede de ligações seja criada por um grupo de amigos. A união do nome com o ícone da fala foi a forma mais objetiva de representar o serviço. Com foco no público jovem, a marca ganha versatilidade e atitude com o uso variado de cores. O manual de identidade visual foi desenvolvido em consonância com a linguagem adotada em todo o projeto.

IDENTIDADE CORPORATIVA BAT! EVENTOS

autoria: *Virgínia Queiroz / Torchetti Design*

equipe: *Direção de design: Vittório Torchetti; Design: Virgínia Queiroz; Ilustração: Alessandro Paiva*

cliente: *BAT! Eventos*

Descrição do trabalho, com base em texto fornecido pelos autores

Projeto de identidade visual para empresa de eventos promocionais (não realizado). Com o objetivo de criar um diferencial de mercado e de transmitir inovação, foram buscadas referências na linguagem das histórias em quadrinhos, um dos ícones da cultura pop, e que também guarda relação com a área de eventos. Os três sócios tornaram-se os personagens que ilustram as peças gráficas.

204

IDENTIDADE VISUAL MUSEU EXPLORATÓRIO DE CIÊNCIAS

205 autoria: *Kiko Farkas e Thiago Lacaz | Máquina Estúdio*

equipe: *Direção de design: Kiko Farkas; Design: Thiago Lacaz*

cliente: *Museu Exploratório de Ciências da Universidade de Campinas*

Descrição do trabalho, com base em texto fornecido pelos autores

O museu de ciências da Universidade Estadual de Campinas busca incentivar a descoberta e o exercício da curiosidade, preocupação manifestada já no seu próprio nome. Para traduzir essa postura, o projeto de identidade visual baseou-se na ênfase no olhar e em uma atmosfera lúdica. Foi criada uma família de instrumentos relacionados ao universo científico nos quais o olhar comparece como elemento fundamental.

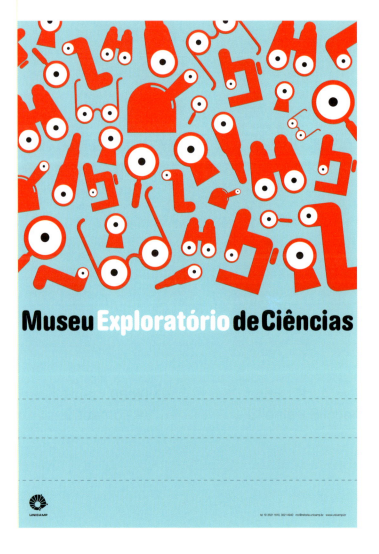

**IDENTIDADE VISUAL
CIRCO SPACIAL**

autoria: *Gustavo Piqueira e
Marco Aurélio Kato | Rex Design*

206

cliente: *Circo Spacial*

*Descrição do trabalho, com base
em texto fornecido pelos autores*

*Projeto de sistema de
identidade visual para o
Circo Spacial – um dos mais
conhecidos do país –, incluindo
aplicações institucionais,
promocionais e ambientais.
Circos tradicionais remetem
ao passado e a nostálgicas
recordações da infância.
Certamente, essa não é a
associação que mais agrada
aos promotores atuais.
Logo, na reformulação da
identidade visual do Circo
Spacial, o objetivo principal foi
afastar-se do estigma de ser
uma "diversão do passado",
atualizando tanto a linguagem
como o posicionamento da
comunicação.*

IDENTIDADE VISUAL, CONVITE E FOLDER MUSEU DA IMAGEM E DO SOM

207 autoria: *Fábio Prata e Flávia Nalon | ps.2 arquitetura + design*

equipe: *Direção de design: Fábio Prata e Flávia Nalon; Design: Fábio Prata, Flávia Nalon e Guilherme Falcão; Assistência: Gustavo Inafuku e Luana Graciano*

cliente: *MIS – Museu da Imagem e do Som de São Paulo*

Descrição do trabalho, com base em texto fornecido pelos autores

O projeto de nova identidade visual do MIS visou traduzir sua nova postura cultural, focada nas práticas de arte híbrida do século XXI. A identidade procura desconstruir as diferentes camadas de informação de uma peça gráfica: grid, texto, bitmap, vetor e cor. Essas camadas podem então ser combinadas de diferentes maneiras, gerando novos códigos e novos padrões gráficos. O sólido de cor posicionado ao lado da palavra MIS, com tratamento e dimensão variáveis, remete ao conceito de tela, seja de cinema, computador, televisão ou celular. O folheto institucional e o convite para a reabertura do museu são exemplos das possibilidades oferecidas pelo projeto de identidade.

244 Anatomia do Design

IDENTIDADE VISUAL
BRASA

equipe: *Direção de design: Fábio Prata e Flávia Nalon; Design: Fábio Prata, Flávia Nalon e Guilherme Falcão; Assistência: Carolina Scagliusi | ps.2 arquitetura + design*

cliente: *BRASA – Revista Eletrônica e Núcleo de Festas de Música Brasileira*

Descrição do trabalho, com base em texto fornecido pelos autores

Projeto de identidade visual para revista eletrônica e núcleo de festas de música brasileira, que incorpora procedimentos de apropriação de linguagem, nonsense e ironia. Remetendo à ideia de ação sugerida pela expressão "manda brasa", a marca é sempre composta por um conjunto de três ícones variáveis, que ilustram situações e objetos cotidianos, musicais e próprios da cultura brasileira, e que são desenhados com linguagem de manual de instruções. Além disso, as peças utilizam cores fluorescentes, reforçando o sentido de calor e energia contido no nome Brasa.

208

A sedução da figura

Museu Casa do Pontal, de autoria da Eg. Design; Zoológico de Curitiba, de Marcos Minini; Lobini, de Milton Cipis; Grão Expresso, da A10 Design; e Parque Estadual da Serra do Mar, da Oz Design

Paralelamente às formas abstratas predominantes nos trabalhos examinados até aqui, temos cinco exemplos de projetos de identidade que exploram a figuração como componente hegemônico dos sinais, buscando tirar partido da sedução que a imagem figurativa costuma carregar. No caso do Museu Casa do Pontal, o projeto aposta na variedade e na mutabilidade de reproduções fotográficas de obras, apoiando-se, para isso, no precioso acervo da instituição; como efeito secundário, o acervo ganha visibilidade e é valorizado. No Zoológico de Curitiba, de novo a aposta na variedade e na mutabilidade, porém, desta vez, fazendo uso de simpáticas ilustrações destinadas a sensibilizar o público infantil. No símbolo da Lobini, a agressividade da figura do lobo é acentuada pela solução cromática; no ícone do Grão Expresso, a figuração do café fumegante é descoberta dentro das letras do próprio logotipo; e no projeto de identidade do Parque Estadual Serra do Mar temos uma bela resposta dada a um intrincado desafio de desenho: conseguir dar unidade formal a uma extensa gama de temas e escalas.

IDENTIDADE VISUAL MUSEU CASA DO PONTAL, ARTE POPULAR BRASILEIRA

209 autoria: *Evelyn Grumach / Eg. Design*

equipe: *Identidade visual: Evelyn Grumach; Cartazes: Carolina Ferman*

cliente: *Museu Casa do Pontal*

Descrição do trabalho, com base em texto fornecido pelos autores

Programa de identidade visual do Museu Casa do Pontal, que possui o maior acervo de arte popular brasileira do país e promove a diversidade de artistas e obras. Sua postura é tratar a arte popular como manifestação artística, distanciando-a do artesanato. Para valorizar a produção dos artistas e enfatizar o uso do espaço como um museu, o projeto contrasta a forma geométrica do suporte que apoia as obras com as formas figurativas e variadas do acervo. O sistema gráfico proposto abrange desde itens institucionais até cartazes e publicações.

SISTEMA DE IDENTIDADE VISUAL ZOOLÓGICO DE CURITIBA

autoria: *Marcos Minini / Master Promo*

210

equipe: *Direção de design: Marcos Minini; Design: Sheila Gouveia; Ilustração: Open The Door, Sheila Gouveia e Nelson Polak*

cliente: *Zoológico de Curitiba*

Descrição do trabalho, com base em texto fornecido pelos autores

Projeto de marca e identidade visual do Zoológico de Curitiba, após este ter passado por uma reforma estrutural. O briefing pedia que o foco da nova identidade fosse a aproximação com o público infantil. A solução foi a criação de uma série de ilustrações e a adequação da tipologia para a construção de uma identidade estimulante e em diálogo com o universo das crianças. O projeto abre, ainda, possibilidades para criação de uma linha de produtos baseados na nova identidade.

Comunicação Sintética

REDESIGN DE MARCA E DESENVOLVIMENTO DE IDENTIDADE VISUAL LOBINI

211 autoria: *Milton Cipis | Brander Branding Expression*

equipe: *Direção de design: Milton Cipis; Design: Felipe Galindo e Lúcio Luz; Assistência: Haroldo Mozar; Fotografia: Hilton Ribeiro; Produção: Luiz Graziano; Projeto de estante: Marco Ruotolo*

cliente: *Lobini*

Descrição do trabalho, com base em texto fornecido pelos autores

Projeto de reposicionamento e redesenho da identidade visual do carro Lobini. A marca anterior, além de apresentar problemas de leitura, reforçava a brasilidade do produto. No entanto, em veículos esportivos, o aspecto brasilidade não é automaticamente relacionado com fator positivo. No redesenho, foi mantida a figura do lobo do símbolo anterior, sendo introduzido um novo padrão cromático — amarelo e preto. As mudanças deram à marca mais agressividade, como convém ao produto, e contribuíram para inseri-lo na categoria de carros esportivos de alto desempenho.

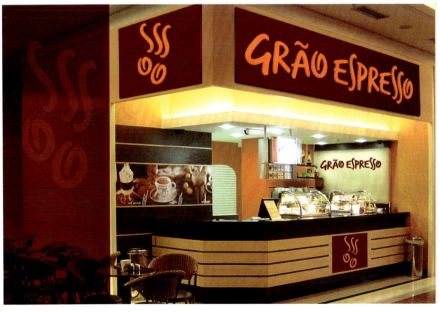

IDENTIDADE VISUAL GRÃO EXPRESSO

autoria: *Alex Sugai | A10 Design* **212**

equipe: *Direção de criação: Alex Sugai; Design: Rodrigo Brandão; Gerente de conta: Bruno Rodolfo*

cliente: *Grão Expresso*

Descrição do trabalho, com base em texto fornecido pelos autores

A Grão Expresso, apesar de estar presente em pontos de venda estratégicos, não era suficientemente conhecida, em virtude da pouca expressividade da marca anterior. Um dos desafios do projeto foi tornar a marca um produto em, si por meio de uma linguagem simbólica construída a partir de seu próprio DNA. A forma e a tipologia orgânicas adotadas traduzem o tipo de produto, enquanto o reposicionamento horizontal deu à marca maior destaque nas lojas. Foi criado, ainda, um ícone de grãos de café com as três letras S e as duas letras O presentes no nome.

**IDENTIDADE VISUAL
PARQUE ESTADUAL
SERRA DO MAR**

213   autoria: *André Poppovic /
Oz Design*

equipe: *Direção de design:
André Poppovic; Design:
André Senra; Assistência:
Bruno Villardo*

cliente: *Parque Estadual
Serra do Mar*

*Descrição do trabalho, com base
em texto fornecido pelos autores*

O Parque Estadual da Serra do Mar reúne oito parques estaduais localizados na costa do Estado de São Paulo. Apesar de possuir enorme riqueza de fauna e flora, e de ser patrimônio cultural, os índices de visitação eram baixos, fruto da fragilidade do material de comunicação. Foi desenvolvida uma linguagem gráfica coesa e moderna, com forte apelo turístico. Cada núcleo ganhou um símbolo que destaca seu elemento mais marcante. Uma marca-mãe agrega todos os símbolos, ilustrando a diversidade de vida existente no parque.

250   Anatomia do Design

Manchas, riscos, rabiscos

The Art from Mars, de autoria de Gustavo Greco; Raw, de Ricardo van Steen; e De cores, de Vicente Gil & Nasha Gil

Situados no espectro formal oposto ao dos ameboides estão os projetos que lançam mão de manchas, riscos e rabiscos. Lançar mão é um termo adequado nestes casos: a intenção é destacar o caráter autográfico dos desenhos, o fato de terem sido produzidos a mão (mesmo que eventualmente não o tenham sido). Pretende-se transmitir um certo desregramento, uma energia derivada das tintas lançadas sobre a superfície do papel. Esses projetos são ecos do abstracionismo informal, um movimento que ocupa lugar importante na história da arte, mas que permanece um tanto distante da cultura do design brasileiro, mais próxima da herança do abstracionismo geométrico. Se a sintaxe é diferente da dos ameboides, a precisão na execução é a mesma. Nesses três projetos, tanto quanto naqueles dos ameboides, pode-se usar a expressão "desenho rigoroso" com igual pertinência.

THE ART FROM MARS

autoria: *Gustavo Greco / Greco Design*

214

equipe: *Direção de design: Gustavo Greco; Design: Gustavo Greco e Anna Fonseca; Confecção de toy art: Panoletos*

cliente: *The Art From Mars*

Descrição do trabalho, com base em texto fornecido pelos autores

Projeto de marca de um restaurante/lounge, pensada como se fosse de uma galeria de arte sempre contemporânea. O sistema de identidade visual se apoia na aplicação variável de alguns de seus elementos e, ao mesmo tempo, em normas rígidas quanto ao uso do logotipo e das cores, limitadas a preto, branco e dourado. A flexibilidade da marca permite sensibilizar os diversos públicos que a casa recebe. Para a inauguração, foram produzidos dois modelos de toy art baseados no nome do restaurante.

IDENTIDADE VISUAL RAW

215 autoria: *Ricardo van Steen / Tempo Design*

equipe: *Conceituação e direção de design: Ricardo van Steen; Design: Nina Taddei*

cliente: *Hilton Raw*

Descrição do trabalho, com base em texto fornecido pelos autores

O logotipo criado para o maestro Hilton Raw e sua produtora de trilhas sonoras foi inspirado pelo significado que o sobrenome tem no idioma inglês, e visou transmitir a personalidade do dono. Buscou-se uma imagem de impacto que permitisse o reconhecimento imediato — como no caso de envelopes deixados sobre mesas de trabalho quase sempre abarrotadas. Foram usados poucos recursos de produção gráfica — a intensidade do trabalho do maestro é metaforizada pela simplicidade da massa de tinta preta sobre o papel branco.

DE CORES

autoria: *Vicente Gil e Nasha Gil | Vicente Gil Arquitetura e Design*

cliente: *Gráfica Aquarela*

Descrição do trabalho, com base em texto fornecido pelos autores

Projeto de conjunto de anúncios para divulgação da Gráfica Aquarela produzidos ao longo de 2007, envolvendo a utilização da marca de forma poética e divertida. A partir da expressão "banho de cores", criou-se uma série de outras expressões e respectivas figuras: magia de cores, fantasia de cores, frescura de cores, sinfonia de cores, mar de cores, sonho de cores e chuva de cores.

216

Comunicação Sintética | 253

**IDENTIDADE VISUAL
BUFFET ARROZ DE FESTA**

217 autoria: *Priscila Loss Fighera / Bola Sociology Design*

equipe: *Direção de design: Helder Araújo; Design: André Coelho e Helder Araújo; Coordenação de projeto e produção gráfica: Cibele Fontoura*

cliente: *Buffet Arroz de Festa*

Descrição do trabalho, com base em texto fornecido pelos autores

O objetivo do projeto era unir os conceitos de simplicidade e sofisticação. O desafio foi transformar algo tão corriqueiro como o arroz em símbolo de esmero, cuidado e requinte. Para isso, foram desenhados padrões intrincados e, ao mesmo tempo, delicados, com jeito de "feito a mão". Nos cartões de visita foi utilizada impressão serigráfica em branco sobre papel marrom perolizado. O sucesso do projeto fez com que o escopo inicial do trabalho fosse ampliado, passando a incluir também avental, sacolas e tratamento visual da frota.

Arranjos de elementos repetidos

Arroz de Festa, de autoria de Priscila Loss Figuera; SP Companhia de Dança e Terra Trends, ambos de Vicente Gil & Nasha Gil

Os três trabalhos exploram diferentes arranjos obtidos por meio da repetição de um mesmo elemento. No caso do Arroz de Festa, o elemento repetido é figurativo: prosaicos grãos de arroz geram surpreendentes —e encantadores— padrões rendados; no caso da SP Companhia de Dança, os elementos repetidos são arcos de circunferências, que dançam ao sabor de cada aplicação; e no caso do Terra Trends o elemento repetido é tipográfico: a letra T, inicial das duas palavras que formam o nome da empresa.

254   Anatomia do Design

IDENTIDADE VISUAL E MARCA DA SP COMPANHIA DE DANÇA

autoria: *Vicente Gil e Nasha Gil | Vicente Gil Arquitetura e Design*

cliente: *São Paulo Companhia de Dança*

Descrição do trabalho, com base em texto fornecido pelos autores

Projeto de identidade visual e de marca de nova companhia de dança do Estado de São Paulo. A solução é dinâmica, envolvendo oito semicírculos que alteram suas posições como se estivessem em movimento constante. Foram criados cerca de 80 posicionamentos diferentes, com diversas formas de utilização. O documento original da primeira fase do projeto totalizou aproximadamente 200 pranchas.

218

IDENTIDADE VISUAL E MARCA TERRA TRENDS

autoria: *Vicente Gil e Nasha Gil | Vicente Gil Arquitetura e Design*

cliente: *Terra Trends*

Descrição do trabalho, com base em texto fornecido pelos autores

Projeto de identidade visual e de marca para empresa distribuidora de tintas nos EUA, que pretende comercializar tinta artesanal com aplicações de texturas ecológicas. As cinco cores representam os cinco continentes e o movimento busca traduzir as tendências do mundo contemporâneo no campo das texturas. O material foi impresso em cinco cores, além do preto. A marca pode ser rotacionada e ter suas cores substituídas de acordo com as diversas aplicações possíveis.

219

Comunicação Sintética

A responsabilidade do redesenho

Copersucar, de autoria da A10 Design; e MAC de Niterói, da Dupla Design

O redesenho de identidades visuais já existentes é uma prática amplamente disseminada, e que só tende a aumentar num cenário cultural de modificações rápidas como é o das últimas décadas. Nesses casos, duas situações opostas, ambas delicadas: o da Copersucar é o redesenho de um projeto originalmente desenvolvido por um profissional que ocupa papel de destaque na história do design brasileiro, Aloisio Magalhães; portanto, é mexer no projeto de outro. Já o do MAC de Niterói é o redesenho de um projeto de autoria do próprio escritório; portanto, é mexer no seu próprio projeto. Na Copersucar, o esforço caminhou no sentido de suavizar as linhas da solução original, conseguindo, com isso, dar maior fluência ao conjunto; no MAC de Niterói, chama a atenção a sensibilidade e o apuro da sutil intervenção na tipografia.

COPERSUCAR

220 equipe: *Direção de criação: Alex Sugai e Margot Takeda; Design: Rodrigo Brandão, Alex Sugai e Margot Takeda; Gerente de conta: Eloise Denys | A10 Design*

cliente: *Copersucar*

Descrição do trabalho, com base em texto fornecido pelos autores

Diante da transformação de cooperativa em sociedade anônima, a Copersucar precisava adequar-se ao novo posicionamento empresarial. Ao mesmo tempo, devia manter a essência de sua bem-sucedida identidade anterior, de autoria de Aloísio Magalhães. Foi dado ao logotipo um caráter de nome próprio, abandonando o aspecto de sigla, de modo a ganhar maior personalidade. O símbolo foi redesenhado e reposicionado, o azul ganhou um tom mais claro, e foi introduzido o verde como cor de apoio.

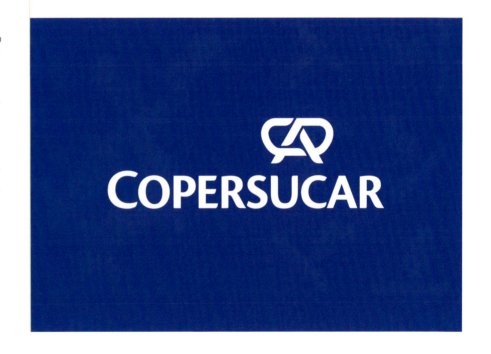

IDENTIDADE VISUAL DO MAC DE NITERÓI

equipe: *Direção de design: Ney Valle e Cláudia Gamboa; Design: Fabiana Takeda / Dupla Design*

cliente: *MAC de Niterói*

Descrição do trabalho, com base em texto fornecido pelos autores

Projeto de atualização da marca desenvolvida pelo próprio escritório dez anos antes, quando ainda não contava com os recursos oferecidos pelo computador. Foram feitos ajustes no símbolo, buscando sempre respeitar o traço de Oscar Niemeyer, autor do projeto do edifício. A partir das curvas do símbolo foi construída uma fonte tipográfica. O projeto se completou com o re-estudo das relações e proporções entre os elementos que compõem a marca.

Três eventos culturais, três caminhos visuais

Luz em Movimento, de autoria de Thiago Lacaz; Cineclube Curta Circuito, de Naraiana Baudson Peret; e Animation UK, de Chris Lima

Há um estimulante diálogo de linguagem entre três dos projetos selecionados, os três destinados a eventos culturais relacionados ao cinema. São caminhos gráficos bem distintos, apesar de se destinarem a programações e públicos nem tão distintos assim. Em Luz em Movimento, a diagramação é cuidadosa, conseguindo gerar complexidade com poucos recursos: trabalha em três camadas que se interpenetram, a da tipografia, a da fotografia e a do fundo colorido qualificado por janelas transparentes. O projeto para o Cineclube Curta Circuito explora a variedade de imagens de fundo, que vão de desenhos de personagens até malhas tipográficas ondulantes. E o Animation UK surpreende ao criar um simpático boneco animado, que se transforma em apoio ao livreto com a programação do festival de cinema de animação.

IDENTIDADE VISUAL MOSTRA LUZ EM MOVIMENTO

222 autoria: *Thiago Lacaz*

cliente: *Imagem-Tempo Produções*

Descrição do trabalho, com base em texto fornecido pelos autores

Identidade visual de mostra panorâmica sobre a fotografia no cinema brasileiro. A tipografia, que abre espaço para o foco da mostra – a imagem –, e a sutil interferência de transparências reforçam o tema principal, seja no catálogo, seja nas diversas aplicações promocionais.

FOLHETERIA PROJETO CULTURAL CINECLUBE CURTA CIRCUITO

autoria: *Naraiana Peret*   223

equipe: *Projeto gráfico: Naraiana Peret; Ilustração: Renato Faccini (janeiro, fevereiro e março de 2008), Roberto Bellini (maio de 2008); Fotografia: Leo Cabral (julho de 2008)*

cliente: *Associação Curta Minas /ABD - MG*

Descrição do trabalho, com base em texto fornecido pelos autores

Projeto de folheteria para o Cineclube Curta Circuito. Foi criada uma identidade pregnante e ao mesmo tempo flexível, que varia conforme o tema de cada mês, renovando sempre o interesse do público. Foi desenvolvido um formato único, que funciona como folheto e cartaz, facilitando a logística e evitando o desperdício. O formato permite ainda que os cartazes sejam colecionados. Nos últimos dois anos, após a implantação do projeto, foi constatado um aumento de público da ordem de 50%.

ANIMATION UK
ANIMA MUNDI 2006

224 autoria: *Chris Lima / Evolutiva Design*

cliente: *British Council*

Descrição do trabalho, com base em texto fornecido pelos autores

Projeto de identidade visual do Animation UK, o dia da animação britânica dentro do festival Anima Mundi. A proposta foi criar uma identidade inovadora, relacionada a dinamismo e movimento. A presença entre os convidados de Ian Mackinnon, criador de puppets como a Noiva Cadáver, inspirou a criação do objeto que deu vida própria ao convite e ao programa: um puppet articulado, produzido em material rígido, impresso em serigrafia e offset, entregue para ser montado pelas próprias pessoas. Além do boneco, foram criados também site, cartaz e banner.

O design do design

Oz Design, Brainbox e Superbacana Design, os três de autoria dos respectivos escritórios; e Pernambuco Design 2008, da Mooz

Os quatro trabalhos têm em comum o fato de serem design tratando de design: são três projetos de identidade dos próprios escritórios, e um de evento reunindo designers. Tanto o projeto da Oz como o da Brainbox fazem uso da ilustração; a Brainbox aposta em uma comunicação direta, com um pictograma que carrega uma pitada de humor; já a Oz prefere investir em um desenho gestual que busca ampliar a rede de significados relacionados ao nome do escritório. A Superbacana, por sua vez, joga suas fichas em materiais e técnicas de impressão menos corriqueiros, reforçando a dimensão tátil das peças gráficas. Por fim, o projeto do Pernambuco Design 2008 opta por explorar as múltiplas possibilidades de arranjos obtidos com suas "gotas de cor".

IDENTIDADE VISUAL OZ DESIGN

225

autoria: *Oz Design*

equipe: *Direção de design: Giovanni Vannucchi; Design: Fernando Malta; Assistência: Alexandre Mazini, Diogo Costa, Eduardo Stollagli, Roberta Leal, André Senra, Priscila Peres, Rogério Marques e Paulo S. Gonçalves*

cliente: *Oz Design*

Descrição do trabalho, com base em texto fornecido pelos autores

O redesenho da identidade visual da Oz Design reinterpreta a marca atual e preserva o padrão cromático como elemento de referência. A "magia de Oz" está presente em todas as novas peças gráficas, por meio da introdução como elemento simbólico dos três personagens da história O mágico de Oz — o leão, o espantalho e o homem de lata —, associando a cada um deles um ícone que o sintetiza e reinterpreta. Desse modo, não só o nome da empresa é resgatado, como também a atitude da Oz Design em relação ao simbolismo da história.

PAPELARIA BRAINBOX

226 autoria: *Ludger Tamaoki*

equipe: *Zé Henrique Rodrigues e Ludger Tamaoki | Brainbox Design*

cliente: *Brainbox Design*

Descrição do trabalho, com base em texto fornecido pelos autores

Criação de uma identidade simbólica para nova empresa de design gráfico em Curitiba, procurando diferenciar-se desde o nome até a programação visual. Foram usados materiais alternativos (cartões preto e cinza, papéis coloridos e adesivos), dando mobilidade e diferenciação às peças. Todas elas são fechadas por etiquetas adesivas.

SISTEMA DE IDENTIDADE VISUAL SUPERBACANA DESIGN

227 autoria: *Vivian de Cerqueira Leite | Superbacana Design*

equipe: *Direção de criação: Vivian de Cerqueira Leite; Design: Juliana Azevedo, Uva Costriuba, Manuela Ortiz, Juliana Azem Ribeiro e Júlia Meirelles*

cliente: *Superbacana Design*

Descrição do trabalho, com base em texto fornecido pelos autores

O projeto de identidade visual buscou sintetizar a imagem da marca mantendo a mesma unidade de comunicação em todos os seus itens. A identidade corporativa da Superbacana Design é baseada no padrão cromático da logomarca e na versatilidade dos elementos que a compõem. O toque dos materiais e as cores neon são as características mais marcantes do projeto.

262 Anatomia do Design

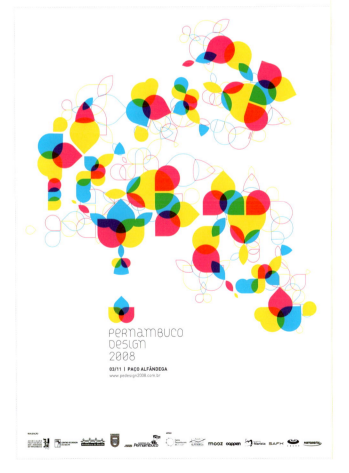

IDENTIDADE VISUAL PERNAMBUCO DESIGN 2008

autoria: *Design e ilustração: Daniel Edmundson, Eduardo Rocha e Gustavo Gusmão | Mooz*

cliente: *APD-PE – Associação Profissional dos Designers de Pernambuco*

Descrição do trabalho, com base em texto fornecido pelos autores

A identidade visual do Pernambuco Design 2008 buscou integrar a cultura dos vários segmentos do design presentes no evento por meio do uso de elementos universais. Foi desenvolvido um ícone forte e simples – a gota –, construído com formas geométricas básicas e cores que representam o design impresso e o digital. A gota foi explorada tanto na criação da tipografia e das ilustrações que compõem as diversas peças gráficas, como também nas três assinaturas complementares, referentes às mostras paralelas, aos seminários e ao 3º Salão Pernambuco Design.

228

Pictogramas e tipos alimentando o projeto de identidade

Pictogramas Brastemp e Consul, ambos de Lyssandra Pereira; tipo Japiassu, da Mooz; tipo KF Display, de Dalton Maag & Hat Trick; tipo Cosac Naify, de Nikolas Lorencini; e tipo Andarilho, de Mariana Hardy

Projetos de identidade costumam ser estruturados a partir de signos de comando. No entanto, com certa frequência, é preciso construir famílias de outros sinais responsáveis por atender a necessidades de informação derivadas de usos específicos. É o caso das duas famílias de pictogramas e dos quatro projetos de tipos aqui agrupados.

Por vezes, essas famílias de sinais complementares são tão ou mais importantes do que o signo de comando. É o que acontece nos projetos para a Brastemp e para a Consul: eles constituem a interface real entre marca e usuário, pois são vistos e usados diariamente, 365 dias por ano. Muito mais do que o logotipo, esses pictogramas é que vão ser os efetivos construtores da imagem da marca. Os dois projetos são particularmente interessantes por afirmarem com nitidez as diferenças de atributos e de públicos das duas marcas.

Os tipos Japiassu, KF Display e Cosac Naify foram projetados igualmente para cumprirem o papel de complemento no processo de construção de identidades visuais de empresas. Limpos, claros, refletem a cultura tipográfica contemporânea. O tipo Andarilho, por sua vez, também está a serviço da construção de uma identidade gráfica, só que de um filme, não de uma empresa. Sua linguagem carrega as marcas de um desenho manual, em busca de relações figurativas —e poéticas— com o corpo humano.

Meus três destaques

Para concluir este percurso, coloquei-me a tarefa de indicar três destaques entre os trabalhos examinados. Não me preocupei em apontar os melhores, nem tampouco os mais importantes ou representativos. Digamos que eles inscrevem-se na categoria especial denominada Afinidades eletivas. São eles, em ordem alfabética:
- O encanto singelo das rendas do Arroz de Festa;
- A precisão cortante do sinal da Casa da Palavra;
- E a chama intrigante da CPFL Cultural.

A voz dos autores

Ao lado da imagem de cada trabalho, além das informações relativas aos créditos, há uma breve descrição do projeto. O texto dessa descrição foi redigido com base nas informações contidas na ficha de inscrição. Na quase totalidade dos casos, o texto original dos autores teve de ser reduzido para adequar-se ao espaço disponível nesta publicação.

Esses textos descritivos são importantes tanto para compreendermos o contexto no qual se inscreve o trabalho, como também a maneira como os autores falam dele. Dentro do possível, e dentro da disponibilidade de espaço, tentou-se permanecer fiel aos termos adotados e à dicção de cada autor. Design também é o discurso sobre o design. Portanto, acompanhando o discurso das imagens, temos a palavra de seus autores.

PICTOGRAMAS BRASTEMP

autoria: *Lyssandra Pereira | Whirlpool*   229

equipe: *Direção de design: Lyssandra Pereira; Design: Rafael Dalzochio, Marcella el e Patrícia Pereira*

cliente: *Brastemp*

Descrição do trabalho, com base em texto fornecido pelos autores

Projeto de família de pictogramas para a linha de produtos Brastemp, visando tornar a comunicação mais direta e facilitar a interação do usuário com os eletrodomésticos. Baseada nos principais atributos da marca, a família de pictogramas busca transmitir autenticidade, elegância e estilo. Para isso, faz uso de desenhos de traços contínuos e uniformes, da monocromia e da introdução de uma sutil interrupção das linhas.

PICTOGRAMAS CONSUL

autoria: *Lyssandra Pereira | Whirlpool*   230

equipe: *Direção de design: Lyssandra Pereira; Design: Rafael Dalzochio, Marcella Fernandes, Rachel Cuocolo e Patrícia Pereira*

cliente: *Consul*

Descrição do trabalho, com base em texto fornecido pelos autores

Projeto de família de pictogramas para a linha de produtos Consul, visando tornar a comunicação mais direta e facilitar a interação do usuário com os eletrodomésticos. Baseada nos principais atributos da marca, a família de pictogramas busca transmitir simplicidade, proximidade e alegria. Para isso, faz uso de desenhos de cores vibrantes, linhas arredondadas, tridimensionalidade e preenchimento de algumas áreas de cor.

Comunicação Sintética   265

FAMÍLIA DE TIPOS JAPIASSU

231 autoria: *Daniel Edmundson, Eduardo Rocha e Gustavo Gusmão | Mooz*

cliente: *Mooz*

Descrição do trabalho, com base em texto fornecido pelos autores

O estúdio Mooz criou uma fonte para utilização exclusiva em projetos de design para seus clientes. Foi desenvolvida uma família de tipos para textos, com legibilidade em pequenos tamanhos e pouco contraste, composta pelas fontes Japiassu Serif, Japiassu Alternate Serif, Japiassu Sans e Japiassu Alternate Sans. Os caracteres minúsculos a, g, w e y, e os maiúsculos A e W ganham formato arredondado nas versões alternate. A família Japiassu foi utilizada pela primeira vez no projeto da papelaria institucional de um escritório de advocacia, cliente do estúdio.

TIPO KNIGHT FRANK DISPLAY

autoria: *Fábio Haag*   232

equipe: *Design: Fábio Haag; Supervisão de design: Bruno Maag e Ron Carpenter; Engenharia e tecnologia: Jéremie Hornus | Dalton Maag (typedesign) e Hat Trick (design)*

cliente: *Knight Frank*

Descrição do trabalho, com base em texto fornecido pelos autores

Em sua identidade corporativa, a Knight Frank, uma empresa com um século de experiência, precisava de uma fonte para títulos que comunicasse elegância e seriedade, sem parecer velha ou ultrapassada. O forte contraste e as proporções clássicas definem o tom de seriedade, tradição e elegância, enquanto alguns detalhes ousados quebram a monotonia, sem prejuízo da legibilidade. A fonte possui um extenso mapa de caracteres, que abrange 105 idiomas baseados no alfabeto latino.

Comunicação Sintética   267

TIPOGRAFIA CUSTOMIZADA PARA EDITORA COSAC NAIFY

233 *autoria: Nikolas Lorencini*

orientação: Profa. Priscila Farias

Trabalho de Conclusão da Graduação em Design Gráfico

instituição: Centro Universitário SENAC

Descrição do trabalho, com base em texto fornecido pelos autores

Projeto de um tipo para uso em textos corridos de livros da editora Cosac Naify. O projeto visou, em primeiro lugar, aumentar o rendimento do espaço sem perder legibilidade. Ao mesmo tempo, buscou incorporar alguns conceitos da identidade da editora, por exemplo, a visualidade clean. Baseado no estilo garalde, tal como a Garamond, o tipo desenvolvido é aproximadamente 12% mais econômico que o Swift, utilizado em vários livros da editora.

{Cosac Naify Regular}
abcdefghijklmnopqrstuvwxyz
[áèîöû!?](& 10% $54,00 #3 @)*
ABCDEFGHIJKLMNOPQRSTUVWXYZ
0123456789 fy fl fi

{Cosac Naify Itálico}
abcdefghijklmnopqrstuvwxyz
[âèîöû!?](& 10% $54,00 #3 @)*
ABCDEFGHIJKLMNOPQRSTUVWXYZ
0123456789 fy fl fi

AndArilho

AbCdEFghiJKlMnoPORStUvWXyZ
AbCdEFghiJKlMnoPORStUvWXyZ

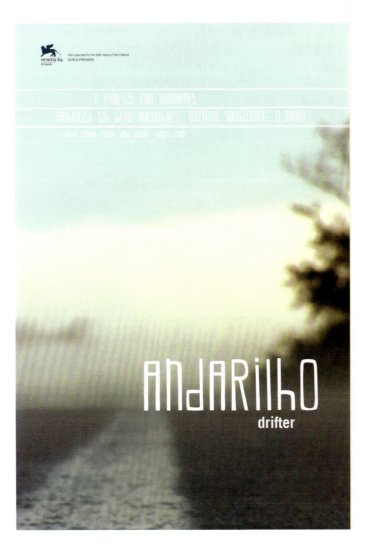

ANDARILHO

autoria: *Mariana Hardy | Hardy Design*

234

equipe: *Direção de criação: Mariana Hardy; Design: Ana Luiza Gomes e Simone Souza; Desenho de tipografia: Ana Luiza Gomes; Diretora de planejamento: Cynthia Massote; Gerente de projeto: Fabiana Bessa; Produção gráfica: Helga Junqueira*

cliente: *Cao Guimarães*

Descrição do trabalho, com base em texto fornecido pelos autores

Projetos de design associados ao cinema colocam para o designer a necessidade de um olhar artístico. O filme Andarilho trata da relação entre o caminhar e o pensar; nele, o constante movimento das coisas apresenta a vida como um lugar de passagem, de transitoriedade. Na tentativa de traduzir tipograficamente a sensibilidade do filme, foi desenvolvida uma fonte de caráter orgânico, com traços alongados que remetem às proporções do corpo humano. A tipografia reforça, assim, o sentimento de poesia, vida e trajetória presentes no filme.

Celso Longo

9 FLUXOS

CAPÍTULO 9
Fluxos

Celso Longo

Os designers gráficos produzem, em seu sentido mais amplo, imagens.

Em meio ao vasto território do design gráfico —já bem solidificado por aqui, diga-se de passagem— resta a dúvida: Por que se tornou fundamental analisar criticamente a produção contemporânea brasileira dessas imagens? O que, de fato, mudou?

A resposta não é simples e, muito menos, unívoca. Referindo-se à revolução cultural dos tempos atuais, apontou Flusser: "as imagens se tornam cada vez mais transportáveis, e os receptores cada vez mais imóveis, isto é, o espaço político se torna cada vez mais supérfluo" (2007, p. 153)[1]. Se, outrora, planejar fluxos poderia referir-se primordialmente ao desenho do movimento ardiloso das pessoas pelo espaço, agora, quem se movimenta com fugacidade é a informação —valiosa mercadoria do mundo globalizado. Cabe ao designer, portanto, posicionar-se em estado de alerta na mediação entre os homens e suas mensagens. Sua função nessa dinâmica comunicativa é, mais do que nunca, política. Daí resulta, em grande medida, a importância da análise crítica sobre a cultura material e visual produzida e veiculada no momento.

Para engrossar esse caldo, assistimos a uma crescente aceleração na fluidez comunicacional. De um lado, todos ávidos por adquirir e acumular informações; de outro, sistemas tecnológicos e mercadológicos que viabilizam e promovem esse tráfego contínuo. Ao centro, oscilando entre as diversas forças e tensões que o ofício carrega, o designer criva e molda os signos da contemporaneidade— por meio da linguagem gráfica oriunda da metodologia projetual, corporifica a comunicação em nosso cotidiano. Nesse cenário complexo, onde ficam expostas as responsabilidades e competências de cada parte, o recorte que delimitou o escopo deste capítulo busca, aqui, apresentar os trabalhos selecionados e discutir seus pungentes significados, tanto relacionados ao tema proposto como, para além disso, ao desenvolvimento dos caminhos e linguagens do design gráfico brasileiro.

Deslocamento: transladar é traduzir

Ao formatar um campo de reflexão denominado Fluxos, o principal conceito que sobressai é o de deslocamento. Logo,

---

Colaboraram na curadoria do tema Fluxos: Renato de Almeida Prado (professor do Istituto Europeo di Design de São Paulo; mestre em Comunicação e Semiótica pela PUC - SP; e arquiteto pela FAU/USP) e Daniel Trench (profesor do curso de graduação em Design Visual da Escola Superior de Propaganda e Marketing de São Paulo; mestre em Poéticas Visuais pela ECA/USP).

1. FLUSSER, Vilém. O mundo codificado: por uma filosofia do design e da comunicação. São Paulo: Cosac Naify, 2007.

contemplam-se os projetos de sinalização cujo objetivo principal é orientar a circulação física (pessoas no espaço). Nesse bolsão inicial, o design é interface fundamental entre a arquitetura, seu conteúdo e os transeuntes. A mensagem precisa ser clara, sistêmica e imediata, não havendo lugar para doses elevadas de interpretação subjetiva. A função é comunicar livrando-se dos ruídos indesejados. Os projetos realizados para o Museu da Língua Portuguesa e para a Sétima Bienal Internacional de Arquitetura de São Paulo exemplificam esse raciocínio.

Ainda próximos a essa toada, deslocamos fisicamente diversas mercadorias com o auxílio do design gráfico. Nesses casos, o projeto é ferramenta essencial para tornar os produtos corretamente identificáveis e atrativos, assegurando sua chegada ao destino final —o usuário. Sob tal óptica, as embalagens são veículos por excelência. Graças a elas, por exemplo, é possível que comunidades distantes do interior do país tenham acesso ao conteúdo do Festival Internacional de Cinema Infantil, por meio do Kit Tela na Sala de Aula; ou ainda, que a marca Lux migre dos sabonetes para os cosméticos, inscrita, com precisão, no universo imagético feminino da cultura indiana.

Como introduzido no preâmbulo, podemos também olhar de modo mais prismático para a ideia de deslocamento. Na realidade, o próprio ato de comunicar significa substituir, representar. Ou seja, existe aí um deslocamento semiótico intrínseco ao ofício do designer— profissional que atua, dentro do universo das imagens, como um tradutor. Interessa para nós, no entanto, o fato de que movemos, cada vez mais, elementos imateriais: informação. Nesse contexto, o design gráfico translada conceitos por meio de signos táteis. Muitos projetos aqui elencados valem-se dessa lógica em profundidade. É o que acontece com o catálogo da exposição dos Parangolés de Hélio Oiticica, onde a tridimensionalidade e a cinética da peça gráfica salta aos olhos (e às mãos) à imagem e semelhança de sua fonte originária. Ou mesmo, apenas para citar outros casos, no perspicaz movimento que as identidades visuais da Livraria Martins Fontes e da exposição China Hoje nos trazem. O mundo da literatura é codificado metaforicamente num simples sinal tipográfico de reticências, no primeiro caso, enquanto, no segundo, clichês visuais inertes são substituídos por uma imagética que nos leva, vertiginosamente, à cultura chinesa pós-Mao Tsé-Tung.

IDENTIDADE VISUAL 7ª BIENAL INTERNACIONAL DE ARQUITETURA DE SÃO PAULO

235

autoria: *Marcelo Aflalo | Univers Design*

equipe: *Marcelo Aflalo, Teo Menna e Cristiane Novo*

cliente: *7ª Bienal Internacional de Arquitetura de São Paulo*

Com o tema "O Público e o Privado", a identidade visual desenvolvida para a Bienal Internacional de Arquitetura de São Paulo, em sua sétima edição, deveria ser coesa em suas diferentes aplicações: cartaz, convite, sinalização e catálogo. Celebrando os 100 anos de Oscar Niemeyer, em um edifício que é um marco referencial para a cidade de São Paulo, assim como o próprio Parque do Ibirapuera, nada mais natural do que citar essa origem e local na identidade do evento.

EMBALAGEM PARA LINHA DE MAQUIAGEM DA LUX, A SER COMERCIALIZADA NA ÍNDIA

236 autoria: *Priscila Loss Fighera | Bola Sociology Design*

equipe: *Direção de design: Helder Araújo; Design: André Coelho, Anna Fonseca e Helder Araújo; Coordenação de projetos: Cibele Fontoura; Diretor de conta: Rodrigo Santana*

cliente: *Unilever*

O caleidoscópio foi escolhido como símbolo de possibilidades infinitas e mudanças constantes, fazendo uma referência às transformações sociais que vêm ocorrendo na sociedade indiana moderna.

KIT TELA NA SALA DE AULA

autoria: *André Stolarski | Tecnopop*   **237**

equipe: *Direção de design: André Stolarski; Design: Marcelo Curvello, Carolina Prata e Milena Benevento.*

cliente: *Festival Internacional de Cinema Infantil*

Conceber e produzir um kit completo para o projeto educacional do festival, permitindo o transporte, a utilização e a conservação do conjunto de vídeos e cadernos em condições adversas e precárias. Os vídeos foram gravados no formato VHS, ainda muito difundido em regiões desfavorecidas. As embalagens individuais e do conjunto permitem fácil transporte e manuseio nas bibliotecas escolares.

SINALIZAÇÃO MUSEU DA LÍNGUA PORTUGUESA

autoria: *Marco Ruotolo | Rico Lins Studio + Brander Branding Expression*   **238**

equipe: *Design: Rico Lins e Marco Ruotolo; Maquetes 3D: André Wissenbach; Fotografia: Marco Ruotolo Expression*

cliente: *Museu da Língua Portuguesa*

A proposta foi a de buscar uma linguagem contemporânea, como as instalações do museu necessitavam, sem agredir a arquitetura centenária da Estação da Luz. A linguagem do projeto baseou-se no partido arquitetônico adotado na requalificação do espaço, contemplando soluções para sinalização direcional, de identificação de setores e serviços, de emergência e segurança – garantindo coerência formal aos ambientes.

SISTEMA DE IDENTIDADE VISUAL LIVRARIA MARTINS FONTES

239 autoria: *Gustavo Piqueira e Marco Aurélio Kato | Rex Design*

cliente: *Livraria Martins Fontes*

Partindo do sinal tipográfico de reticências como metáfora para o quase infinito conteúdo da produção escrita, a identidade visual transforma-se numa estampa multicolorida para usos menos institucionais, criando um sistema com flexibilidade de aplicação.
Cabe ressaltar aqui, que uma figura geométrica simples é o princípio gerador de um complexo sistema de manifestações visuais.

CATÁLOGO HO

240 autoria: *Carlito Carvalhosa | Duas Águas*

equipe: *Editora Anônima e Carlito Carvalhosa*

cliente: *Paulo Kuczynski Escritório de Arte*

Os parangolés eram simples pedaços coloridos de pano. Seu interesse estava na ação proposta pelo artista. O conceito da obra deveria, então, ser expresso pelo catálogo de forma inusitada, e não apenas por meio de reproduções bidimensionais. A caixa contém o fac-símile de uma carta de Hélio Oiticica, um caderno com textos de Guy Brett e Paulo Bruscky, e reproduções dos parangolés e de seu uso em cartão duro – formando um objeto simples que pode ser disposto de inúmeras formas, pois se sustenta sempre que colocado em uma superfície. O objeto remete à ação proposta pelo artista e pode também ser pendurado.

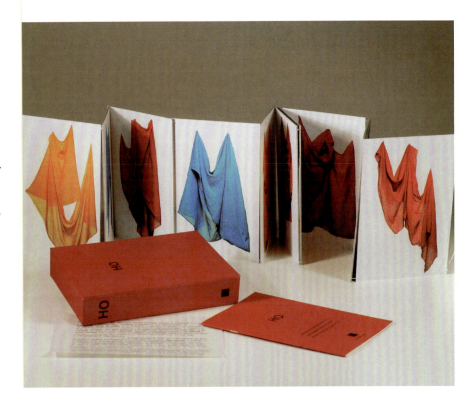

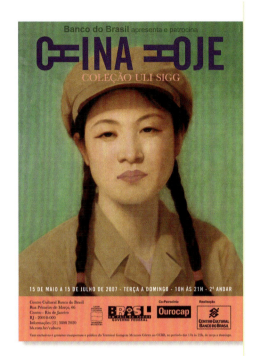

CHINA HOJE
CARTAZ E SISTEMA

autoria: *Cláudia Gamboa, Ney Valle / Dupla Design*

241

equipe: *Direção de design: Ney Valle; Design: Cláudia Gamboa e Anderson Barboza; Tratamento de imagens: Paulo Paixão; Produção gráfica: Silvana Oliveira*

cliente: *Artviva Produção Cultural*

A identidade visual criada para a exposição China Hoje — sintetizada em seu cartaz — consegue, ao mesmo tempo, referenciar a visualidade gráfica e icônica do país, fugindo do perigo de render-se integralmente aos seus clichês. Trabalha, na realidade, subvertendo esses clichês em informação nova. Tal releitura possibilita, assim, nossa locomoção entre a Era Mao Tsé-Tung e a China atual.

Fluxos 277

Nós: os agentes de uma grande rede

Dissecados os níveis tradicionais de deslocamento, devemos atentar para uma característica relativamente nova — advinda, em grande parte, com a disseminação das redes interativas digitais.

    O modelo de comunicação que conhecíamos se baseava numa hierárquica (e muitas vezes incômoda) linearidade: havia um emissor e, do outro lado do canal, um receptor. Ambos muito bem delineados e estanques enquanto a mensagem deslocava-se de um ponto ao outro. Atualmente, é possível investigar outro modelo, mais fluido e democrático. Imaginemos uma rede em que cada entroncamento representa, ao mesmo tempo, o emissor e o receptor de mensagens. Nesse sistema, cada um de nós pode intervir, modificar e determinar o conteúdo veiculado. O fluxo comunicativo desprende-se da linha e adentra o diagrama. Essa libertação afeta fortemente o comportamento social e, por conseguinte, a interlocução entre cada um de seus membros. Cabe ao design gráfico mediar, também, essa vazão.

    O website de Ricardo Basbaum, pensado para viabilizar o projeto NBP, recorre ao público na construção de sua experiência artística coletiva. De modo similar, os websites NOTIRT e Bandalarga operam incluindo ativamente o usuário na definição de seus conteúdos. Substitui-se, assim, a predominância de uma estrutura vertical por uma mais horizontalizada, em que planejamento e projeto são vitais tanto para determinar os algoritmos adequados ao funcionamento desses sistemas, quanto para desenhar as suas interfaces visuais. Fluxos, nesses exemplos, é palavra-chave.

Retroalimentação: do fluxo para Fluxos

Explicitados os aspectos que definiram o campo de reflexão Fluxos, cabe focar um pouco na questão da linguagem — tão preciosa ao design gráfico.

    Até pouco tempo atrás, dois assuntos permeavam essa discussão: a filiação brasileira, bastante dogmática, ao Movimento Moderno (importado da Europa, distando milhares de quilômetros dos trópicos) e, do lado oposto, a busca constante por uma identidade nacional (algumas vezes equivocadamente folclórica). Esse conflito parece, por fim, ter sepultado seus acalorados embates. Mas, podemos relacionar a isso nossa conversa sobre fluxos?

    Em princípio, sim. Com a já citada valorização e aceleração do transporte de informações, o repertório que alimenta as ações projetuais (e sua aceitação) também aumentou. O maior intercâmbio entre diferentes culturas, linguagens e mídias oxigenou a produção nacional. Bebendo nas artes plásticas, na ilustração, no cinema, na internet etc. ... o design gráfico reforçou, como mostra a seleção apresentada aqui, o proveito de sua veia intersemiótica. Reduziu seu teor doutrinário em detrimento de um saudável hibridismo. Tornou-se mais heterogêneo e miscigenado. Assim, curiosamente, aproximou-se mais da brasilidade. Em outras palavras, podemos ver com clareza múltiplas linguagens coexistindo harmonicamente na produção contemporânea. E isso, para além de ser bom, é esperado — afinal, estamos todos imersos nesse mesmo contexto meandroso, nesse mesmo fluido.

SITE NOTIRT

autoria: *Ricardo van Steen / Tempo Design*

242

equipe: *Conceituação e direção de design: Ricardo van Steen; Design: Ninna Taddei, Cássio Leitão e Marcelo Amorim; Programação e manutenção: Grafikonstruct*

cliente: *Triton*

Atrair novos cadastros para o mailing da Triton em uma ação institucional que comprovasse o compromisso da marca com o público jovem. Esse foi o ponto de partida do projeto. A resposta, uma revista virtual, interativa, com quatro áreas editoriais: música, comportamento, trabalho e artes visuais. Cada usuário manda sua sugestão de pauta, com um comentário que esclarece o porquê da escolha. Um jornalista e um designer transformam a informação em uma ficha que é colocada na rede diariamente.
A produção de um conteúdo coletivo é o principal destaque dessa ação da Triton. A interface do site permite, ainda, o fluxo comunicativo entre os seus visitantes – que ocorre por meio da publicação de comentários e avaliações dessa produção em grupo. O que se constrói é, na verdade, um bem-vindo afrontamento às formas de publicação tradicionais.

Fluxos   279

IDENTIDADE VISUAL E SITE BANDALARGA

243 autoria: *Leonardo Rodrigues | Tecnopop*

equipe: *Direção de design: André Stolarski; Design: André Lima ; Concepção do site e atendimento: Luis Marcelo Mendes; Web design e flash: Leonardo Rodrigues; Programação: Eduardo Sampaio e Rodrigo Machado | Tecnopop*

cliente: *GEGÊ produções*

O músico Gilberto Gil precisava de um projeto capaz de incentivar a participação do público em uma turnê intercontinental, na qual o registro dos shows estaria liberado, no melhor espírito iCommons.
Uma identidade baseada num emaranhado de cabos de rede e na construção automática de mensagens tipográficas em um programa de ilustração, cujos arquivos foram abertos ao público, foi completada por um site de fácil navegação e manuseio de conteúdo. Refazendo Gil pela internet. Bem contextualizado na era do copy and paste, o site Bandalarga disponibiliza aos seus visitantes diversos trechos das músicas do artista para que sejam produzidos e publicados novos mashups e remixes de sua obra.

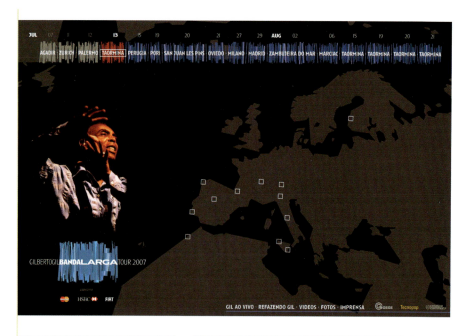

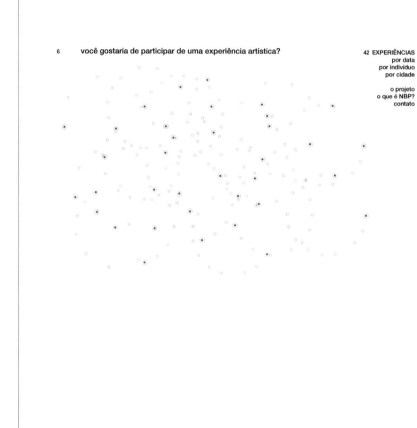

SITE NBP

autoria: *André Stolarski e Leonardo Rodrigues | Tecnopop*

244

equipe: *Coordenação do projeto e arquitetura de informação: Leonardo Rodrigues; Sistemas: Rodrigo Machado e Cláudio Pires; Design: André Stolarski e Leonardo Rodrigues; Programação HTML: Silvia Cunha*

cliente: *Ricardo Basbaum*

O site do projeto não apenas incentivou a participação do público, permitindo a troca de registro e comentários sobre a experiência, como transformou o fluxo proposto pelo artista em uma metáfora visual construída em torno de seu principal objeto. A materialização da memória do projeto Would you like to participate in an artistic experience? Ocorre no site NBP, mais especificamente na publicação de diversos experimentos artísticos realizados por diferentes pessoas, em diferentes datas, cidades e países.

FIAT PELO MUNDO

245 autoria: *Márcio Barbalho | Torchetti Design*

equipe: *Direção de design e projeto gráfico: Márcio Barbalho; Diagramação: Samuel Profeta; Ilustração: Clermont Clara; Revisão: Rodrigo Corrêa; Finalização: Reinaldo Moreira e Luiz Morais; Atendimento: Renata Coutinho; Produção gráfica: Marden Diniz*

cliente: *FIAT Automóveis*

O objetivo do projeto foi agregar valor à marca Fiat por meio da divulgação, para seu público interno, da atuação da empresa em outros países. A solução foi a criação de um fichário composto por lâminas que falam sobre história, cultura, economia, atrações turísticas e personalidades de cada país, além de dados referentes à participação da Fiat no mercado e de seu desempenho em cada lugar. O projeto é composto por luva, fichário e lâminas – essas últimas divididas por países e entregues mensalmente aos funcionários da Fiat.

LIVRO EXPERIÊNCIA NEOCONCRETA: MOMENTO LIMITE DA ARTE

246 autoria: *Elaine Ramos | Cosac Naify*

equipe: *Projeto gráfico: Luciana Facchini; Produção gráfica: Leticia Mendes e Raquel Lange*

cliente: *Editora Cosac Naify*

Bons livros normalmente deslocam seus leitores para mundos distantes. Nesse caso, além da referência à linguagem dos anos 1960, adentramos fisicamente o ideário de Ferreira Gullar e de seus poemas-objeto. O livro ratifica, por meio de seu cuidadoso projeto, a própria experiência objetual e tátil proposta originalmente pelo poeta.

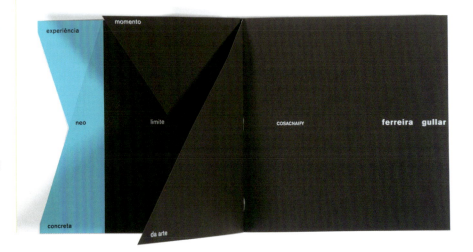

282   Anatomia do Design

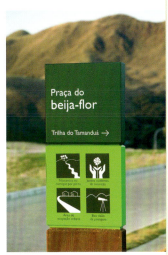

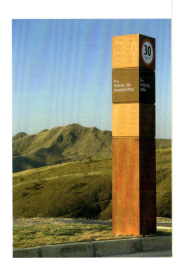

SINALIZAÇÃO URBANA VALE DOS CRISTAIS

autoria: *Márcia Larica / Estação Primeira de Design*

equipe: *Direção de design: Márcia Larica; Design: Márcia Larica e Gustavo Greco; Nominação de logradouro: Márcia Larica e Luís Augusto de Lima; Arte final: Tidé; Consultora arquitetônica: Robert Lott; Desenhos técnicos: Ana Rita Massahud; Fornecedor: Plakas*

cliente: *Odebrecht Empreend. Imobiliários S.A.*

Projeto de sinalização urbana do bairro/condomínio, com o objetivo de identificar, direcionar, advertir e informar o usuário. O projeto visou desenvolver um sistema de sinalização coerente com os diferenciais do empreendimento, situado numa região onde 70% de sua área são Reserva Particular do Patrimônio Natural e a ocupação sustentável do local é uma de suas mais importantes características. A solução buscou trabalhar as informações concentradas em uma única estrutura modular, interferindo minimamente no entorno, em contraponto com a paisagem local onde as linhas sinuosas das montanhas desenham o horizonte. Para o motorista, informações de direção, advertência e identificação dos logradouros em uma única face. Para o pedestre, trechos dos poemas de Augusto de Lima – inspiração para a toponímia. Além de orientar com precisão os transeuntes, a sinalização complementa a paisagem bucólica do seu entorno com poemas de referência local – deslocando também, porém num sentido mais onírico, os usuários desse sistema.

COMEMORAÇÃO CENTENÁRIO NIEMEYER EM BELO HORIZONTE

248 autoria: *Márcia Larica / Estação Primeira de Design*

equipe: *Direção de design: Márcia Larica; Design e produção: Márcia Larica e Robert Lott; Fornecedores: Baloarte, Plakas e Artwork Digital*

cliente: *Prefeitura de Belo Horizonte*

O desafio era sinalizar dez projetos de Oscar Niemeyer, em Belo Horizonte, na homenagem aos seus 100 anos, solucionando questões de interferência urbana em situações distintas (centro da cidade com pouco espaço livre ou áreas abertas, tombadas pelo Patrimônio Histórico e leis urbanas), além da interferência na paisagem e na visão de cada edificação elencada. Em vez de sinalizar convencionalmente cada um dos projetos (muitos deles cartões-postais da cidade), adotou-se a ideia mais simples e fraternal de uma comemoração de aniversário: balões vermelhos e índices gráficos retirados de croquis originais do arquiteto assentam-se sobre tapetes de formas orgânicas, com informações referentes a cada edificação. Ao deslocar os croquis de Niemeyer do papel para o espaço, temos um duplo movimento: o primeiro, indicial, remete-nos ao próprio arquiteto (afinal, tais índices antropomórficos são reconhecidamente seu timbre gráfico); o segundo, nos leva do mundo das ideias (o projeto) para o mundo concreto (a paisagem).

284 Anatomia do Design

CATÁLOGO
JARDIM DO PODER

autoria: *Carlito Carvalhosa / Duas Águas*   **250**

equipe: *Editora Anônima e Carlito Carvalhosa*

cliente: *Museu de Arte Moderna de São Paulo/ Expomus*

A exposição que deu origem ao catálogo envolvia não somente as obras, mas a construção de um espaço relacionado com a urbanização de Brasília e sua ligação com o jardim de Versailles. O uso da tela de agricultura e a sua presença marcada na publicação – tanto no interior (imagem), quanto na capa (matéria) – procuram mostrar essa transição entre o plano real e o catálogo. Os trabalhos da exposição operam dentro desse mesmo procedimento.

UM MANUAL PORTFOLIO
PARA A SINALÉTICA

autoria: *Adriano Zanetti Westin*   **249**

orientação: *Prof. Flávio Vognoli*

Trabalho de Conclusão da Graduação

instituição: *FUMEC*

Como o design gráfico possibilita articular as ideias de um sistema sinalético em um projeto editorial, a fim de transmitir a informação de forma clara e compreensível? A proposta foi a criação de um objeto híbrido de interpretação possibilitando ao leitor conectar e confrontar informações textuais e imagéticas por meio de códigos articuladores, que lhe permitem diferentes tipos de leitura – linear ou por meio de um sistema construtivo de leitura. O projeto apresenta três sistemas de sinalização de um renomado escritório mineiro, demonstrando soluções criativas para problemas reais no mercado.

Fluxos 285

FILE – FESTIVAL INTERNACIONAL DE LINGUAGEM ELETRÔNICA

251 autoria: *Rita Mayumi Kayama*

equipe: *Projeto gráfico: Bruno Thomaz Fernandes, Mariana Peixoto de Moura e Rita Mayumi Kayama; Assistência: Marcos Gubiotti Gonçalves e Mariana Schmidt Rodrigues Santos*

cliente: *FILE – Festival Internacional de Linguagem Eletrônica*

A identidade visual foi elaborada utilizando elementos variados, expressando graficamente a temática desse evento internacional. Os mesmos padrões foram utilizados nos dois eventos, com enfoques diferentes, de modo que o elemento da luz é o signo chave do sistema.

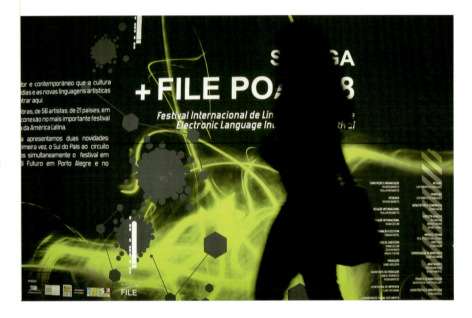

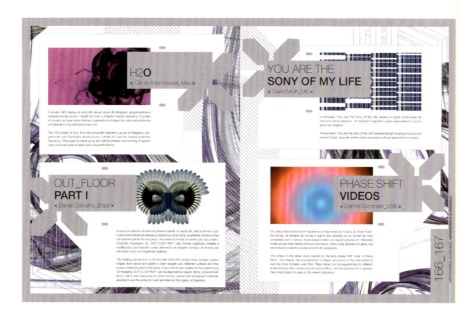

FILE – FESTIVAL INTERNACIONAL DE LINGUAGEM ELETRÔNICA

autoria: *Rita Mayumi Kayama* 252

equipe: *Bruno Thomaz Fernandes, Mariana Peixoto de Moura e Rita Mayumi Kayama*

cliente: *FILE – Festival Internacional de Linguagem Eletrônica*

A família de identidades visuais feita para a edição 2008 do FILE potencializa, visceralmente, a linguagem eletrônica em suas manifestações. O evento tem como uma de suas principais características a multiplicidade. Assim, infindáveis texturas geradas por algoritmos e processamentos digitais traduzem visualmente, sobre variados suportes, a temática do festival para seu vasto público (familiarizado, em grande parte, com essa linguagem e repertório visual).

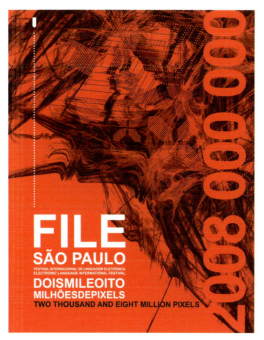

Fluxos 287

CATÁLOGO DAS EXPOSIÇÕES DA GALERIA NARA ROESLER

253 autoria: *André Lima | Tecnopop*

equipe: *Direção de design: André Stolarski; Design: André Lima e Rafael Alves*

cliente: *Galeria Nara Roesler*

Fluxo associa-se à noção de deslocamento e, por sua vez, deslocamento associa-se à ideia de processo. O catálogo das exposições promovidas pela Nara Roesler forma-se assim: incluindo ativamente os visitantes na construção da memória da galeria. Por meio do registro acumulado de seus eventos, aproximam-se a arte e seu conteúdo conceitual daqueles que por ela possuem real interesse – o público frequentador da galeria.

EXPOSIÇÃO DE CARTAZES PIERRE MENDELL

254 autoria: *Bebel Abreu*

equipe: *Projeto museográfico e coordenação de montagem: Bebel Abreu; Diagramação de textos e legendas: Manaira Abreu; Créditos das fotografias: Renato Stockler – Na Lata (São Paulo) e Letícia Verdi (Brasília)*

cliente: *Exposição Pierre Mendel*

Em alguns casos, o design invisível é a melhor solução. O projeto da exposição sobre os cartazes de Pierre Mendell consegue, com singelos artifícios, translardar integralmente os visitantes brasileiros para o imaginário do artista gráfico alemão.

PROJETO GRÁFICO DO LIVRO DE ORAÇÕES DE CELEBRAÇÃO DO SHABAT JUDAICO

autoria: *Evelyn Grumach / Egdesign*

equipe: *Direção de arte: Evelyn Grumach; Design: Tatiana Podlubny*

cliente: *CJB Congregação Judáica do Brasil*

*Na página da direita corre o texto em hebraico e, na da esquerda, o transliterado, a tradução e os comentários. A distinção das fontes adotadas, pesos diferenciados e o apoio dos pictogramas no decorrer das páginas, identificam ações e momentos do culto.
O livro é aberto da esquerda para a direita. Foram impressas tiragens em capa dura e brochura. A escolha do papel Pólen Soft foi importante para acomodar os contrastes de mancha e textos, criar conforto visual e, com seu ligeiro acetinado, evitar que seu manuseio estrague as folhas muito rapidamente.
A confluência de diversas leituras – das línguas escritas à corporal – torna-se possível nessa publicação (um livro de fato, e não um manual) graças à tradução maior que nos revela seu projeto gráfico: diversas hierarquias de texto somam-se aos pictogramas na elucidação dos rituais religiosos, possibilitando a inclusão de leitores menos familiarizados com os códigos judaicos.*

ARQUITETURA EM SÃO PAULO POR ARTHUR CASAS

256 autoria: *Ricardo van Steen / Tempo Design*

equipe: *Conceituação e direção de design: Ricardo van Steen; Design: Frederico Freitas*

cliente: *Arthur Casas Arquitetura e Design*

A imagem que temos de uma cidade é formada por inúmeros fragmentos de sua paisagem. Dessa forma, podemos tanto nos locomover fisicamente por suas ruas como, mentalmente, pelas memórias imagéticas que guardamos. A peça gráfica em questão nos auxilia em ambos translados: do pragmático mapa que nos guia por exemplares concretos da arquitetura paulistana, ao mosaico de fragmentos justapostos desse patrimônio edificado que funciona como registro visual dessa paisagem-pensamento.

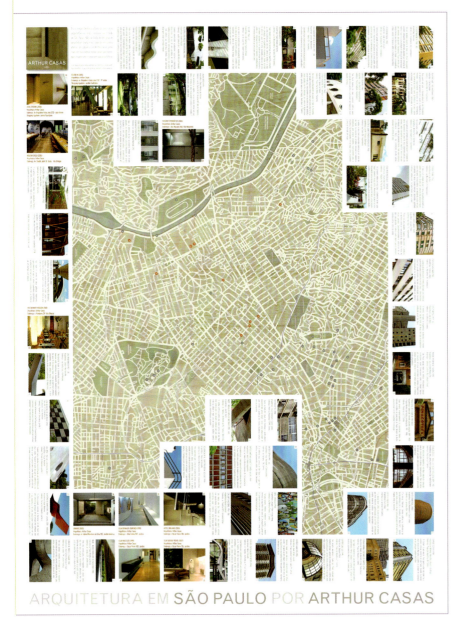

290　Anatomia do Design

LIVRO MAMnaOCA

autoria: *Carlito Carvalhosa / Duas Águas*

equipe: *Editora Anônima, Carlito Carvalhosa, Martha Tadaieski e Ana Basaglia*

cliente: *MAM - SP*

Unir a experiência de visitar a exposição à documentação completa e detalhada do acervo exposto (com mais de 500 reproduções). São três objetivos simultâneos: prédio, exposição e documentação. Na publicação, cortes em meia-lua remetem à sobreposição e à transparência entre os andares da Oca. Cada aba é a abertura de um andar, com uma foto tirada do mesmo ângulo da rampa. As imagens mostram o roteiro de visita, intercaladas com reproduções mais tradicionais quando exigido pelo trabalho.

257

INFOGRÁFICO O BRASIL ANTES NO BRASIL

equipe: *Direção de arte: Manuela Novais; Designer: Fernanda Vidal e Julia Browne; Infografia: Luiz Iria; Ilustração e maquete: Alê Meiguins, Marcelo Zocchio e Sattu; Redação: Denise Pellegrini; Reporte: Debora Didonê.*

cliente: *Editora Abril*

258

Fluxos | 291

EXPOSIÇÃO MACHADO DE ASSIS: MAS ESTE CAPÍTULO NÃO É SÉRIO

259 autoria: *Clara Meliande | Tecnopop*

equipe: *Direção de design: André Stolarski; Design: Clara Meliande; Assistência: Alexsandro Souza, Fernanda Vianna e Renata Negrelly*

cliente: *Museu da Língua Portuguesa*

*Baseado nas Memórias Póstumas de Brás Cubas, o projeto da exposição promoveu uma verdadeira colagem visual, composta por estações que deslocaram objetos e signos gráficos do passado para a atualidade.
O design gráfico opera, aqui, como um amálgama entre dois tempos distintos: o passado (contexto da produção literária de Machado de Assis) e o presente (momento de visada crítica e analítica sobre tal produção). Nessa condução, nos deparamos com referências e linguagens do tempo do escritor que, ludicamente, auxiliam a cognição de elementos fundamentais de sua obra para os visitantes da exposição – em sua maioria, jovens leitores.*

BRASIL DESIGN / DESIGN MAI

260

autoria: *Kiko Farkas / Máquina Estúdio*

equipe: *Projeto expográfico e programação visual: Kiko Farkas; Estande: Vainer e Paoliello Arquitetos; Iluminação: Bartho; Curadoria: Kiko Farkas, Ethel Leon e Felipe Taborda*

cliente: *Design Mai*

Um painel de 303m com exemplos de design urbano e arquitetura, design de produtos e moda, completa a mostra de livros sobre o assunto. Em virtude da impossibilidade de apresentar fisicamente todos os elementos que compunham a exposição, o design gráfico foi requisitado para mediar tal conteúdo imagético e seus visitantes, transportando esses últimos para o universo multifacetado da produção brasileira.

MANIFESTO 10

Paulo Moretto

CAPÍTULO 10

Manifesto

Paulo Moretto

A palavra em italiano para designar o objeto cartaz é MANIFESTO! E foram muitas as vezes, ao longo desses cento e poucos anos de sua existência, que o cartaz moderno serviu para a divulgação de ideias e ideais, fossem de propaganda política estatal, como na Revolução Russa ou nas Guerras Mundiais, fossem de movimentos libertários, como em maio de 68, nas ruas de Paris.

O **cartaz** firmou-se, assim, ao longo da história, como um importante meio de comunicação de massas. Serviu não só a grupos políticos, empresariais e culturais, mas principalmente aos designers que sempre encontraram no cartaz a oportunidade de se expressar, artística e ideologicamente. Não é estranho, portanto, que muitos profissionais, principalmente na Europa, tenham passado a se dedicar exclusivamente à arte de desenhar cartazes, tornando-se renomados mestres cartazistas, como os poloneses e os suíços.

Fica evidente, então, a dificuldade que é para o designer a criação de cartazes, especialmente quando pensamos em cartazes ideológicos (muitas vezes, edições próprias, sem envolver a figura de um cliente). Nesses cartazes, além de bancar os custos de produção e resolver a composição gráfica, envolvendo imagens e textos numa escala maior do que normalmente trabalham, os designers se manifestam, expondo suas ideias e convicções e acabam, assim, por se expor.

No Brasil, a presença do cartaz puramente ideológico foi muito pouco expressiva. Isso não significa, no entanto, que deixamos de fazer e ver cartazes engajados. Durante a ditadura militar, nos anos de 1970 e início dos anos 1980, muitos foram os cartazes de divulgação de peças teatrais que traziam, além das informações específicas das montagens, algum teor político. Um de nossos mestres cartazistas, Elifas Andreato, foi o autor de alguns clássicos desse gênero de cartaz, frequentemente aproveitando o pretexto de divulgar um espetáculo para criticar o regime vigente.

É de se admirar a presença, nesta seleção de cartazes da 9ª Bienal de Design Gráfico, de vários cartazes com temática política e, principalmente, socioambiental. Alguns foram criados originalmente para serem distribuídos por meio da internet, outros para concursos de cartazes ou por solicitação de instituições. Eles vão desde o conjunto de cartazes sobre os 120 anos da Abolição, criados para a Secretaria da Cultura do Estado de São Paulo, até o cartaz sobre a eleição de Barack Obama nos EUA, passando por questões ambientais como o de Interdependência

TUÂN LÊ PHIM BRAZIL

autoria: *Bruno Porto*

261

equipe: *Design e fotografia: Bruno Porto; Tipografia: Samba de Tony de Marco e Caio de Marco e Tarzana Narrow de Zuzana Licko*

cliente: *1ª Semana de Cinema Brasileiro em Hanói*

ou Morte, o anticonsumismo de Rethink Consumption e a diversidade cultural de Viva la Diferencia!.

Essa diversidade trazida pelo meio cultural (englobando o cinema, as artes visuais, a música, o teatro e as artes cênicas em geral) sempre foi campo fértil para a criação de cartazes. Os mais diversos eventos culturais servem de mote para essa criação; da 1ª Semana de Cinema Brasileiro em Hanói aos shows de música instrumental do Baoba Stereo Club ou ao seminário Revela Design que acontece em Recife.

Esse último, aliás, exemplifica o que poderíamos dizer ser uma tendência na criação de cartazes. Com o intuito de divulgar o evento de design, foi criado um cartaz com múltiplas funções que, dobrado, funciona como folder de divulgação e guia de bolso com a programação de oficinas, palestras e debates. Obviamente, esses não foram os primeiros cartazes que foram dobrados e serviram como folder ou convite, mas chama a atenção o uso recorrente desse recurso, o que parece refletir a ausência de locais específicos para a fixação de cartazes no ambiente urbano e que acaba por implicar mudanças no próprio objeto cartaz. Entre eles estão um cartaz-brinde encartado na *Revista S/ Nº*, um cartaz-convite (da *Revista Luxury Printing*) e um cartaz-convite de casamento.

Manifesto 297

REVELA DESIGN 2007

262 autoria: *Eduardo Rocha | Mooz*

equipe: *Design e ilustração: Daniel Edmundson, Eduardo Rocha e Gustavo Gusmão*

cliente: *Centro de Design do Recife*

LUXURY PRINTING

autoria: *Vicente Gil e Nasha Gil | Vicente Gil Arquitetura e Design*

cliente: *Luxury Printing*

263

REVISTA S/Nº

264 autoria: *Mateus Valadares / Máquina Estúdio*

equipe: *Direção de design: Kiko Frakas; Design: Mateus Valadares*

cliente: *Editores Bob Wolfenson e Hélio Hara*

Também chama a atenção a retomada do uso do cartaz como carro-chefe na construção e consolidação de identidades visuais. Esse papel já havia sido desempenhado pelo cartaz no passado, mas acabou sendo delegado a outras mídias como o anúncio em revistas, o outdoor e a internet. Os cartazes-programa da Jazz Sinfônica, por exemplo, conseguem por meio da variação de cores e fotografias, e também da permanência de um lettering despojado e forte, construir, ao longo da temporada de concertos, uma identidade visual harmoniosa com o repertório da orquestra.

Outra possibilidade explorada foi a criação de conjuntos de cartazes produzidos simultaneamente e que podem ser fixados em grupo ou isoladamente. O efeito é como se o campo gráfico do cartaz se tornasse flexível, podendo assumir vários tamanhos a partir da composição de um ou mais cartazes e da relação entre eles. Os cartazes viram módulos dessa composição e a unidade do conjunto é garantida pela linguagem visual em comum. Os quatro cartazes da exposição A Utopia da Modernidade, observados em separado, descrevem as temáticas abordadas no evento; em conjunto, delineiam um panorama cultural do Brasil no século xx. Operam também dentro dessa lógica os quatro cartazes do espetáculo teatral Lês Ephémeres e os 12 cartazes do ciclo de palestras Design Tem a Sua Cara.

Em termos de linguagem gráfica, o cartaz sempre se apresentou como um grande desafio: de um lado, por ser uma mídia efêmera, oferece espaço para experimentações; de outro, não permite elaborações de discursos complexos, exigindo objetividade e concisão, buscando o rápido entendimento, num equilíbrio sofisticado entre texto e imagem. Muitos são os caminhos perseguidos pelos Designers para se chegar a esse equilíbrio. Basicamente, podemos separá-los em dois grupos: os que apostam na complexidade e os que acreditam na síntese visual.

As colagens são recursos visualmente sofisticados e muito utilizados no sentido de tornar as composições gráficas mais complexas. A proliferação de imagens normalmente está associada à proliferação de ideias, sentimentos e sensações. O amor e a indignação de Darcy Ribeiro e Glauber Rocha pelo Brasil serviram de inspiração para a colagem do cartaz encartado na *Revista S/Nº*, enquanto em *Luxury Printing*, elementos gráficos e palavras cotidianas foram retirados de jornais diários e da própria revista que o cartaz anuncia.

E com o advento do computador, inúmeros recursos surgiram para facilitar a realização dessas colagens, possibilitando-se composições complexas e com diversos efeitos, como o de sobreposição e o de transparência entre os elementos gráficos, sejam eles fotos, desenhos, texto etc. Cartazes como Alma Boa de Setsuan, Interdepência ou Morte e Obama'08 evidenciam o uso desses recursos e os exploram enquanto linguagem visual. Nesse último, aliás, o conceito visual de sobreposição de camadas de cor é a representação literal do conceito ideológico que motivou a criação do cartaz.

SÉRIE JAZZ SINFÔNICA, JANE MONHEIT, DAVID SÁNCHEZ, JOHN PIZZARELLI, STANLEY JORDAN

265 autoria: *Rico Rico Lins | Rico Lins + Studio*

cliente: *Orquestra Jazz Sinfônica*

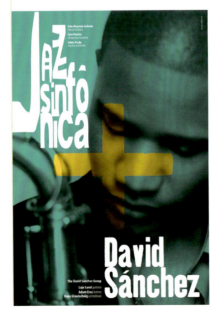
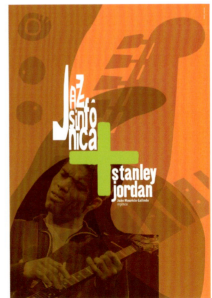

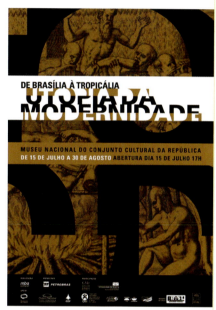

A UTOPIA DA MODERNIDADE DE BRASÍLIA À TROPICÁLIA

autoria: *Leandro Pitta Amorim / Café Arte Gráfica*

equipe: *Direção de design: Leandro Amorim; Design: Larissa Arantes*

cliente: *Exposição A Utopia da Modernidade: de Brasília à Tropicália*

SÉRIE LES EPHÉMERES

267 autoria: *Rico Lins /
Rico Lins + Studio*

cliente: *SESC - SP*

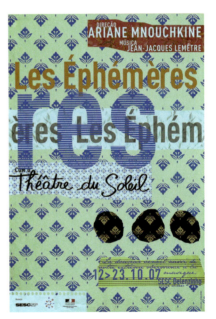

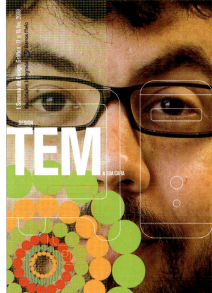
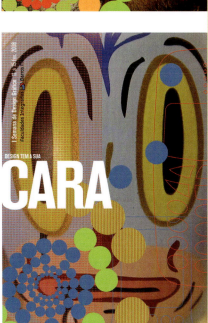

SÉRIE DESIGN
TEM A SUA CARA

autoria: *Buggy Costa*

equipe: *Design: Buggy Costa; Fotografia: Ricardo Bicudo*

cliente: *Faculdade Barros Melo*

A ALMA BOA DE SETSUAN

269 autoria: *Marise de Chirico | Estação Design Gráfico*

equipe: *Projeto gráfico: Marise Chirico e Adriana Campos; Assistência: Nicole Ramos e Marcella Franco; Estagiária: Débora Mantovani; Impressão em prelo: Zap*

cliente: *Peça teatral A Alma Boa de Setsuan*

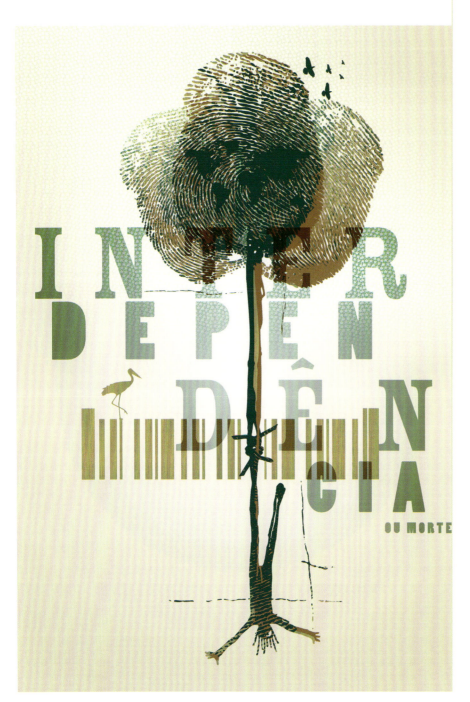

INTERDEPENDÊNCIA OU MORTE

autoria: *Alessandro Tauchmann | Opus Múltipla Comunicação Integrada*

cliente: *Fundação Cultural de Curitiba*

270

ALL COLORS TOGETHER

271 autoria: *Renan Molin*

cliente: *Blog Semana em Cartaz*

ABOLIÇÃO 120 ANOS

272 autoria: *Vicente Gil e Nasha Gil | Vicente Gil Arquitetura e Design*

equipe: *Criação e direção de arte: Vicente Gil e Nasha Gil; Ilustração: Nasha, Alexandre Benoit e Luciano Colucci*

cliente: *Secretaria da Cultura do Estado de São Paulo*

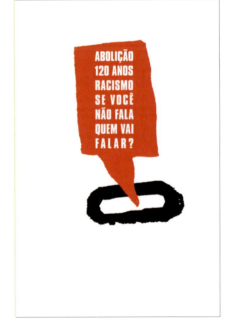

Enganam-se, porém, os que acreditarem que o caminho da síntese visual é menos árduo ou mais tranquilo. Conseguir transmitir uma ideia de forma icônica demanda do designer muita elaboração e apuro visual. O resultado, muitas vezes, envolve poucos elementos e grandes áreas de cor, recursos de grande impacto e muito úteis para garantir ao cartaz a atenção demandada. Rethink Consumption e Abolição 120 Anos seguem essa lógica, assim como O Amor é Tudo e os cartazes para a São Paulo Companhia de Dança. Impossível não se emocionar com o coração singelamente vazado no imenso fundo vermelho do cartaz-convite de casamento ou com a graciosidade com que a marca da companhia de dança é desconstruída e inserida com os bailarinos.

Outro caminho explorado no design de cartazes é o desequilíbrio proposital entre texto e imagem, isto é, no ímpeto de chamar a atenção do observador, o designer opta pela supervalorização de um dos elementos da composição, chegando-se a extremos como em O Som do Cinema, cartaz puramente tipográfico, no qual a disposição espacial dos tipos em múltiplos planos e escalas nos remete à espacialidade do som. Outra radicalização é notada em Parque Lage, no qual o designer abandona a tipografia tradicional e redesenha os tipos à mão, numa composição instável e com um toque de inacabado, fazendo referência direta ao processo de criação da própria peça gráfica.

RETHINK CONSUMPTION: LIVE WITH RESPONSABILITY

autoria: *Fábio Lopez* 273

cliente: *Concurso Internacional Love your Earth*

O AMOR É TUDO

274 autoria: *Fábio Prata | ps.2 arquitetura + design*

equipe: *Direção de design: Fábio Prata e Flávia Nalon*

cliente: *Iniciativa própria*

SÃO PAULO COMPANHIA DE DANÇA

275 autoria: *Vicente Gil e Nasha Gil | Vicente Gil Arquitetura e Design*

cliente: *São Paulo Companhia de Dança*

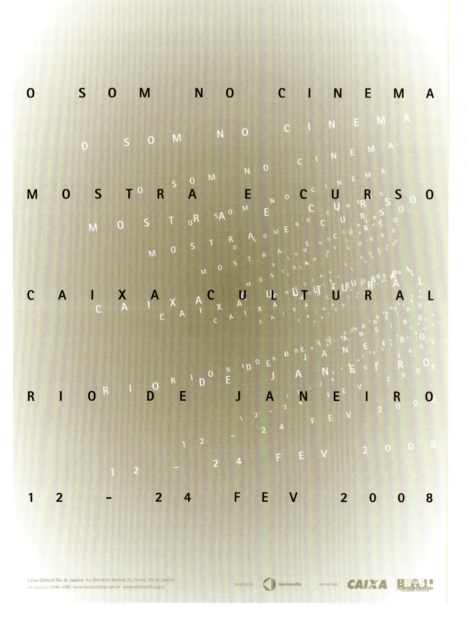

O SOM DO CINEMA

autoria: *Thiago Lacaz*   **276**

cliente: *Associação Cultural Terra Brasilis*

**PROGRAMAÇÃO
PARQUE LAGE 2007**

277 autoria: *Theo de Oliveira Carvalho | Tecnopop*

cliente: *Escola de Artes Visuais do Parque Lage*

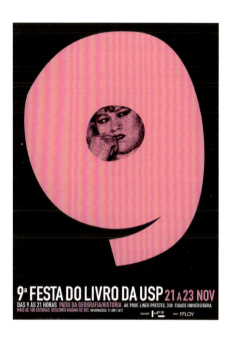
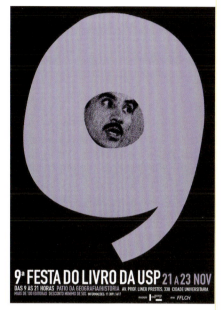

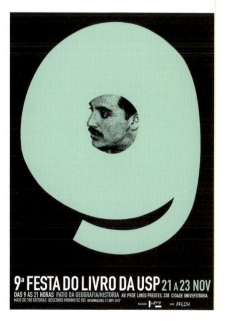

SÉRIE 9ª FESTA LITERÁRIA DA USP

autoria: *Gustavo Piqueira e Marco Aurélio Kato | Rex Design*

cliente: *EDUSP*

278

TECNICOLOR

279   autoria: *Thiago Lacaz*
cliente: *Luciana Penna*

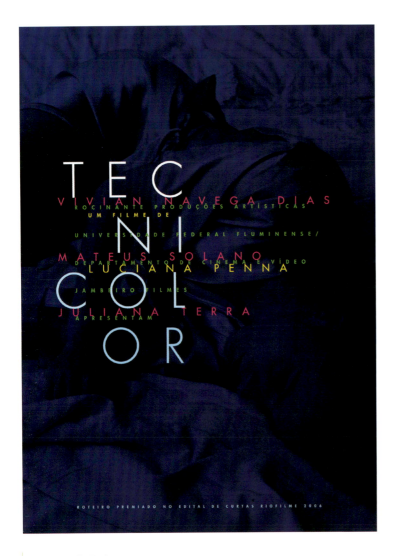

Para garantir que os transeuntes se interessassem pelo cartaz que divulgava a 9ª Festa Literária da USP, foi usado um "9" grande em cores chapadas. Mais do que informar qual era a edição do evento, o tipo "pesado" era uma forma de atrair os olhares no campus da Universidade. Já em Tecnicolor, a tipografia foi elegantemente composta em branco, amarelo e magenta sobre a foto do fundo que está num duotone azul e preto. Intencionalmente, o contraste de cores organiza a composição e garante força à tipografia falsamente frágil.

Quando a intenção é valorizar a imagem, o uso da ilustração parece prevalecer sobre o uso da fotografia, que, na maioria das vezes, é fortemente editada, recortada, colorizada e pouco usada em seu "estado bruto". Truques de edição permitem que, em Salomé, a protagonista segure a própria cabeça e que, em Baoba Stereo Club, construa-se a forma de um baobá com semáforos e postes de iluminação, numa colagem urbanamente caótica. Num momento raro, o cartaz que comemora os 150 anos do Theatro São Pedro de Porto Alegre traz uma composição sóbria com uma sequência de fotografias, organizadas em faixas horizontais — referência explícita à tradição da casa.

SALOMÉ

autoria: *Marcos Minini | Master Promo*

equipe: *Direção de design: Marcos Minini; Design: Marcos Minini; Fotografia: Daniel Sorrentino*

cliente: *Grupo Delírio de Teatro*

Verificamos que o cartaz ainda propicia um campo fértil para a experimentação em termos comunicacionais e de linguagem gráfica. Ele continua sendo um meio efetivo para informar, conscientizar ou mudar a percepção de grande número de pessoas. No Brasil, o cartaz parece estar assimilando novas características que lhe permitem sobreviver fora de seu "habitat natural", as ruas da cidade. Sem sombra de dúvidas, uma mídia muito desafiadora e gratificante para os designers, possibilitando as mais diferentes soluções e os mais diferentes estilos, o que dá ao cartaz brasileiro um quê da nossa característica miscigenação. Parafraseando o divertido cartaz criado por Kiko Farkas para o Icograda, podemos dizer: Viva la Diferencia!

DIVULGAÇÃO PARA O DUO BAOBA STEREO CLUB

281 autoria: *Juliana Ribeiro Azevedo*

cliente: *Baoba Stereo Club*

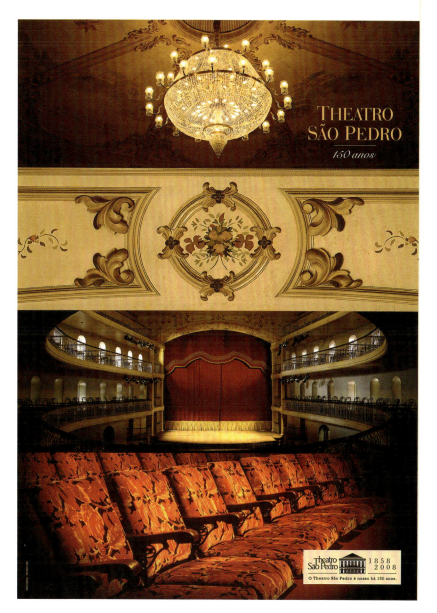

THEATRO SÃO PEDRO

autoria: *Flávio Wild | WildStudio Design*

equipe: *Direção de design: Flávio Wild; Design: Flávio Wild; Fotografia: Flávio Wild e Marcelo Nunes; Edição e arte final: WildStudio Design*

cliente: *Theatro São Pedro*

VIVA LA DIFERENCIA!

283 autoria: *Kiko Farkas/ Máquina Estúdio*

cliente: *Congresso Icograda 2007*

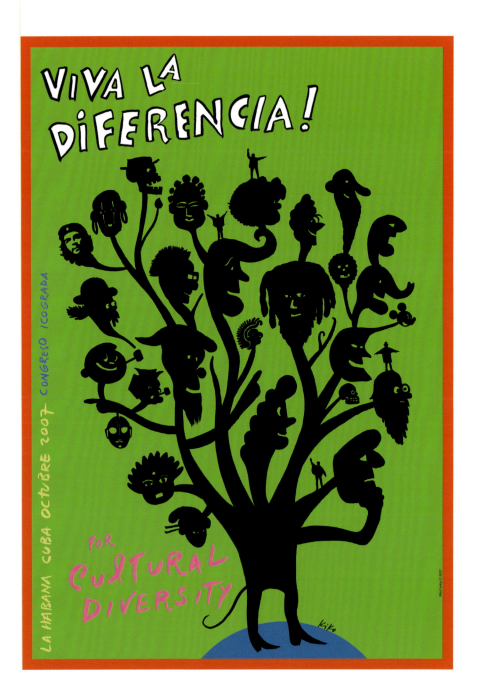

ated to maximize the dissolution.

REFERÊNCIAS BIBLIOGRÁFICAS
ÍNDICE REMISSIVO

REFERÊNCIAS BIBLIOGRÁFICAS

CAPITULO 1 - A Trajetória Simbólica e Cultural *Cecilia Consolo*

FLUSSER, Vilém. **O mundo codificado:** por uma filosofia do design e da comunicação. São Paulo: Cosac Naify, 2007.

GOMES, Mayra R. **Repetição e diferença nas reflexões sobre comunicação.** São Paulo: Annablume, 2001.

MACHADO, Irene (org). **Semiótica da cultura e semiosfera.** São Paulo: Annablume, 2007.

MOSCOVICI, Serge. **Representações sociais.** Investigações em psicologia social. Petrópolis: Vozes, 2003.

PEIRCE, Charles Sanders. **Semiótica.** São Paulo: Perspectiva, 1977.

SANTAELLA, Lúcia. **A assinatura das coisas.** Rio de Janeiro: Imago, 1992.

SANTAELLA, Lúcia. **A teoria geral dos signos.** Semiose e autogeração. São Paulo: Ática, 1995.

ZIZEK, Slavoj. **Bem-vindo ao deserto do real.** São Paulo: Boitempo, 2003.

CAPITULO 4 - Design e Memória *Rafael Cardoso*

MONT'ALVÃO, Cláudia e DAMÁZIO, Vera (orgs.). **Design, ergonomia, emoção.** Rio de Janeiro: Mauad/Faperj, 2008.

OLIVEIRA, Lippi. **Cultura e patrimônio:** um guia. Rio de Janeiro: Fundação Getúlio Vargas, 2008

ROSZA W. vel ZOLADZ (org.). **Imaginário brasileiro e zonas periféricas:** algumas proposições de sociologia da arte. Rio de Janeiro: 7 Letras/Faperj, 2005

SANTOS, Afonso Carlos Marques dos. **A invenção do Brasil:** ensaios de história e cultura. Rio de Janeiro: Editora da UFRJ, 2007.

CAPITULO 5 - Popular, Regional, Vernacular *Fátima Finizola*

CARDOSO, Rafael. **Uma introdução à história do design.** São Paulo: Blücher, 2008.

DONES, Vera Lúcia. **As apropriações do vernacular pela comunicação gráfica.** Anais do P&D Design 2004. São Paulo: FAAP, 2004.

LUPTON, Ellen. **Mixing messages:** graphic design in contemporary culture. Nova York: Princetown Architetural Press, 1996.

VILLAS-BOAS, André. **Identidade e cultura.** Rio de Janeiro: 2AB Editora, 2002.

CAPÍTULO 7 - Poéticas Visuais *Alécio Rossi*

BARTHES, Roland. **Aula.** Trad. Leyla Perrone-Moisés. São Paulo: Cultrix, 1988.

CAPITULO 9 - Fluxos *Celso Longo*

FLUSSER, Vilém. **O mundo codificado:** por uma filosofia do design e da comunicação. São Paulo: Cosac Naify, 2007.

ÍNDICE REMISSIVO

A
A10 Design, 33, 173, 222, 226, 246, 249, 256
ABD-MG, 259
Abolição 120 anos, 296, *308*
Absolut, *35*
Activia, *33*
Adriana Banana, *209*
Adriano Zanetti Westin, *285*
Agência Uai, *129*
Água de cheiro, *45*
Alceu Nunes, 89, *90*
Aleixo Leite, *149, 150, 151, 152*
Alessandra Soares, *38, 136*
Alessandro Tauchmann, *62, 307*
Alex Sugai, *33, 249, 256*
Alexandre Chalabi, *154, 155*
Almanaque, 97, *102*
Aloisio Magalhães, 8, 32, 66, 256
Ana Couto, *66, 67, 204*
Anagraphia, *205*
André Lima, *135, 236, 237, 280, 288*
André Poppovic, *65, 250*
André Stolarski, 6, 13, *61, 111, 123, 135, 236, 237, 275, 280, 281, 288, 292*
Anhembi-Morumbi, *157*
Animação, 9, *143, 149, 150, 151,* 258, 260
Anna Paula Martins, 97, *98, 202*
ANTT, *56*
Aquecimento global, *149, 150, 151, 163*
Armorial, 13, 117, *134, 205*
Arquivo público Mineiro, *94,* 95
Arreda, *146*
Art Breaks, *111,* 112
Artviva Produção Cultural, *277*
Arthur Casas, *290*
Azulejarte, *103*
The Art From Mars, *251*

B
Banco do Brasil, *175, 222,* 230
Banco Itaú, *234*
Bandalarga, *135, 278, 280*
Baoba Stereo Club, 297, 314, *316*
Baralho, 104, *105*
Barthes, 168, 171, 320
Bat!, 238, *241*
Beatriz Ejchel, *212*
Beauty Teen, *46*

Bebel Abreu, *288*
Bem-te-vi produções, 91, *93*
Benephyto, *47*
Beto Almeida, *44, 45,* 55
Bienal de Design, 16, 120, *235,* 296
Bienal Internacional de Arquitetura, 273, *274*
Billy Bacon, *110*
Bola Sociology Design, *153, 254, 274*
Brainbox, 261, *262*
Brand, 88, *64*
Brander Branding Expression, *106, 228, 248, 275*
Branding, 30, 31, 39, *64, 66,* 72, 73, 218
Brasa, 238, *245*
Brasil Telecom, *172*
Brastemp, 264, *265*
Brinde, *62, 79, 131, 132, 200, 297*
British Council, *260*
Bruno Lemgruber, 6, *55, 144*
Bruno Porto, *110, 125, 297*
Buffet Arroz de festa, *254, 264*
Buggy Costa, *134, 305*

C
Café Arte Gráfica, *101, 303*
Café Casa Cor, *126*
Caixa Economica Federal, *152*
Calendário, *91, 109*
Canal Ideal, *155*
Caótica, *43, 173*
Cardápio, *61, 126*
Carlito Carvalhosa, *276, 285, 291*
Carlos André Eyer, *40, 43*
Carlos Fernando Eckhardt, *68*
Carlos Henrique Bicalho, *91*
Cartão de visitas, *52*
Cartazes, 10, 24, 28, 35, 97, 110, 136, 185, *213, 239, 246, 259, 288,* 296, 297, 301, 308
Casa da Palavra, 235, *236, 264*
Castro Projetos, *68*
Catálogo, 11, 56, 60, 75, 91, *92,* 110, 111, 112, 173, 202, 208, 211, 236, 258, 273, 274, 276, 285, 288
Catálogo Raisonnée, 91, *92*
Centenário Niemeyer, *284*
Centro de Design do Recife, *298*
Centro Universitário SENAC, 10, *64, 188, 268*
Cesar Hirata, *35, 40*
Chevrolet, 231, *233*
China hoje, 273, *277*

Chris Lima, 258, *260*
Cia de Dança, *183*
Circo Spacial, 238, *243*
Clara Meliande, *292*
Claudia Gamboa, *219, 221, 257, 277*
Cláudio Santos, *136*
CNI-SESI, *208*
Coca-Cola Brasil, *43*
Códigos, 16, 18, 19, 22, 23, 75, 164, 244, 285, *289*
Coleção, 32, 79, *91*, 95, *96*, 97, 104, 110, *112, 127, 130, 136, 143, 156, 175, 178, 180, 194, 202, 210*
Coleção ponta de Lança, *210*
Competências, 32, *64*, 72, *272*
Comunicação Integrada, *62, 68, 187, 307*
Congregação Judaica do Brasil, *289*
Cônsul, 264, *265*
Consulado Geral do Brasil, *110*
Consumo, 16, 28, 32, 72, 73, 77, *133, 150*
Convite, 113, *129, 130, 187, 203, 244, 260, 274, 297, 308*
Copersucar, *256*
Cosac Naify, 9, 13, *192, 193, 194, 195, 264, 268, 272, 282*
CPFL Cultura, 222, *225*, 264
Crama Design, *52, 63*
Cultura, 7, 10, 13, 16, 17, 20, 21, 24, 28, 29, 30, 52, 62, 94, 278, 282
Cultura popular, 89, 116, 117, 119, *126, 135*
Cultura visual, 89, *111*

D

Daniel Soro, *154, 155*
Daniele Santos, *54*
Danone, *33*
Dantes editora, 97, *98*
Denise Eller, *146*
Designlândia, *130, 156, 197, 199, 200, 201*
Diogo Lean, 106, *107*
Diogo Montes, *97, 100*
Display de Góndola, *35*
Dossiê, *81*
Dove, *34*
Dupla Design, *218, 219, 221, 256, 257, 277*

E

Eckhardt design, *68*
Ecodesign, 75
Ecologia, 72, 74, 75
Edições Jogos de Amarelinha, *96*
Editora AGIR, *102*

Editora Biruta, *174*
Editora Cia das Letras, *101, 198, 211*
Editora Lingua Geral, *210*
Editora Magma Cultural, *95*
Editora Rex, *124*
Editora Vanda Mendonça, *54*
Editores Bob Wolfenson e Hélio Hara, *300*
Editorial, *54*, 75, *78*, 108, *158, 178, 236, 285*
Eduardo Rocha, *263, 266, 298*
Eduardo Saron Nunes, *189, 190*
EDUSP, *313*
EG Design, 91, *92, 246*
Eh cosméticos, *45*
Ekos Brasil, *77*
Elaine Ramos, *193, 194, 282*
Elegant Nuts, *34*
Embalagem, 22, *34, 35, 43, 62*, 106, *130, 155, 160, 165, 176, 274*
EMES, Centro de Eventos, *229*
ENTEL, *222, 230*
Escola de Design da UFMG, *187*
Escola de Ulm, *116*
Estação Design Gráfico, *208, 306*
Estação Primeira de Design, *56, 94, 109, 181, 283, 284*
Estratégia de marca, *222, 223, 224, 234*
Estúdio Tostex, *77, 180*
Etiqueta, *34, 127, 262*
Etti, *44*
Evelyn Grumach, *92, 246, 289*
Evolutiva Design, *260*
Ewerton Mokarzel, *62, 233, 234*
Exposição, 11, 12, 17, 28, 33, *97, 101, 110, 111, 133, 140, 211, 273, 277, 285, 288, 291, 292, 293, 301*
Expressão gráfica, 16, 18

F

A Fábrica Comunicação, *105*
Fabiana Ferraresi, *130, 156, 197, 199, 200, 201*
Fabiana Zanin, *57, 136*
Fábio Lopez, *137, 309*
Fábio Nitta, *64*
Fábio Prata, *127, 131, 158, 159, 161, 203, 244, 245, 310*
Fábrika Comunicação Integrada, *187*
Faculdade Barros Melo, *305*
Família tipográfica, *43, 52, 232*
FAU/USP, *29, 179, 272*
Favela, 136, *137*
Federação de Comércio do Paraná, *94*

Fenomenologia, *21*
Fernanda Galindo, *35, 248*
Fernanda Martins, *83, 84*
Festival, *69, 159, 161, 203, 258, 260, 273, 275, 286, 287*
FIAT, *128, 176, 282*
File, *159, 203, 286, 287*
Flavia Castanheiras, *192, 194, 195*
Flavia Nalon, *127, 131, 158, 159, 161, 203, 244, 245, 310*
Flávio Wild, *91, 92, 196, 317*
Flexpave, *222, 227*
Folder, *212, 244, 297*
Folheto, *63, 121, 244, 259*
Fonte Digital, *135*
Fórum Social Mundial, *84*
Fotograma 2, *148*
Frederico Paulino, *147*
Fronteiras do design, *16, 85, 169*
Fruttare, *64*
FUMEC, *82, 108, 146, 178, 285*
FUNAI, *78*
Fundação Cultural de Curitiba, *145, 307*
FutureBrand, *35, 40, 41, 62, 230, 232, 233, 234*

G
Congresso Icograda, *6, 316, 318*
Gabinete de Arte Raquel Arnaud, *201*
Gabinete de curiosidades de Domenico Vandelli, *95, 97, 98*
Gabriel Lopes Barbosa, *146*
GAD Design, *222, 223, 224, 225, 235*
Galeria, *235, 237, 251, 288*
Gautio Design, *54*
Gegê Produções, *135, 280*
Giovanni Vannucchi, *39, 65, 261*
Glauco Solter, *122*
Glicério Rocha, *47*
GOGO, *57, 136*
Gráfica Aquarela, *208, 253*
Grão Expresso, *246, 249*
Greca Asfaltos, *227*
Greyner Santos Nóbrega, *164, 165*
Grupo AES, *58*
Grupo Athiva, *224*
Grupo delírio, *315*
Guerra mundial, *296*
Guidelines, *66*
Guilherme Albuquerque de Moraes, *209, 240*
Gustavo Greco, *79, 93, 109, 132, 251, 283*

Gustavo Piqueira, *34, 38, 50, 96, 124, 132, 174, 175, 229, 238, 243, 276, 313*
Gustavo Saiani, *52, 126*
Gutenberg, *19*

H
Hardy Design, *38, 45, 132, 135, 136, 269*
Helder Araujo, *153, 254, 274*
Helga Miethke, *53*
Helio Mariz de Carvalho, *41*
Hipersônica, *161*
Hjelmslev, *20*
Hugo Kovadloff, *222, 223, 224, 225, 235*
Hypermarcas, *44*

I
Iara Mol, *104*
Icograda, *6, 316, 318*
Identidade, *18, 33, 34, 38, 48, 49, 50, 54, 65, 68, 83, 88, 89, 116, 117, 118, 120, 121, 147, 157, 175, 185, 218, 219, 231, 256, 259, 262, 263, 264, 267, 268, 278*
Identidade visual, *30, 40, 41, 43, 65, 69, 75, 83, 84, 95, 132, 133, 136, 141, 146, 153, 154, 160, 175, 189, 194, 206, 208, 221, 222, 223, 224, 225, 226, 227, 228, 229, 230, 232, 233, 234, 235, 237, 239, 240, 241, 242, 243, 244, 245, 246, 247, 248, 249, 250, 251, 252, 254, 255, 256, 257, 258, 260, 261, 273, 274, 276, 277, 280, 286, 287, 301*
Imaginário, *18, 21, 23, 62, 88, 112, 132, 288*
Interbrand, *44, 45, 55*
Ipsis gráfica, *60*
Isabela Sertã, *82*
Itaú Cultural, *112, 189, 190*

J
J. Carlos, *113*
Jair de Souza, *75, 76*
Jakobson, *20*
Jazz Sinfônica, *301, 302*
Joaquin Fernandez Presas, *91, 94, 227*
Jogo da linguagem, *29, 32*
Jogos Pan-americanos, *218, 220*
Jornal, *181, 184, 211, 239*
José Ribamar Souza Jr., *104, 105*
Julia Rodrigues, *106, 107*
Juliana Pontes, *82, 125*
Juliana Ribeiro Azevedo, *179, 316*
Julieta Sobral, *107, 113*

K

Kakofonia, *158*
Karine Kawamura, *48, 122*
Kiko Farkas, *101, 198, 211, 213, 242, 293,* 316, *318*
Kimi Nii, *189*
Klabin S.A., *204*
Knight Frank, *267*
Kraft Foods, *36*
Kuat, *43*

L

Laboratório Secreto, *102*
Lacta, *36*
Ladrilhos, *104*
Leandro Pitta Amorim, *97, 101, 303*
Lebon, *39*
Leela estúdio, *69*
Leonardo Eyer, *40, 43, 173*
Leonardo Rodrigues, *237, 280, 281*
Let´s relax, *47*
Letra UM, *177*
Lilian Shyemin Le, *69*
Linguagem, *10, 16, 17, 20, 21, 22, 24, 29, 31, 32, 33, 36, 38, 40, 46, 52, 54, 59, 61, 65, 74, 75, 97, 104, 106, 108, 112, 116, 118, 120, 127, 130, 132, 134, 159, 168, 172, 203, 208, 218, 228, 238, 243, 245, 250, 258, 272, 275, 282, 286, 287, 301, 316*
Livrarias Cultura, *62*
Livrarias Martins Fontes, *273, 276*
Livros, 9, 12, 19, 28, 62, 91, 95, 97, 108, *136, 144, 236, 268, 282, 293*
Livro infantil, *174, 211*
Livro objeto, *176, 192, 201*
Lobini, *246, 248*
Logotipo,*38, 50, 69, 136, 149, 155, 160, 228, 246, 251, 252, 256,* 264
Love your Earth, *309*
Luciana Calheiros, *206, 207*
Ludger Tamaoki, *262*
Lumen Design, *48, 122*
Lupton, *120*
Luxury Printing, *186,* 297, *299,* 301
Lyssandra Pereira, *265*

M

La Muerte Ilustrada, *157*
Mac de Niterói, *256, 257*
Maló Moutinho, *108*
MAM SP, *291*
Mapinguarí Design, *83, 84*
Maquetes, *195*
Máquina Estúdio, *97, 101, 198, 211, 213, 238, 242, 293, 300, 318*
Marca, 12, 16, 18, 20, 21, 31, *35, 39, 40, 41, 44, 45, 50, 55, 65, 66, 67,* 72, 73, 74, 75, *76, 103, 106, 123, 143, 144, 173,* 204, 218, *219,* 221, *224,* 225, *226, 227, 228, 230, 232, 233, 234, 236, 237, 238,* 240, *245, 247, 248, 249, 250, 251, 253, 255, 257, 261, 262, 264, 265,*273, *279, 282,* 308
Marcello Montore, *60*
Marcelo Aflalo, *78, 95, 274*
Marcelo Cupertino, 238, *239*
Marcelo Martinez, *97, 102*
Marcia Larica, *56, 94, 95, 108, 109, 181, 283, 284*
Marcilon Melo, *164, 165*
Marcio Barbalho, *128, 172, 176, 282*
Marco Aurélio Kato, *34, 38, 50, 96, 124, 132, 174, 175, 229, 238, 243, 276, 313*
Marco Ruotolo, *228, 248, 275*
Marcos Minini, *37, 222, 230, 246, 247, 315*
Margot Takeda, *33, 173, 226, 256*
Mariana Guimarães, *91, 129*
Mariana Hardy, *45, 135, 269*
Marina Dalva Nunes Brant, *187*
Mario Narita, *36*
Marise de Chirico, *97, 100, 208, 306*
Marquis Platinum, *165*
Master Promo, *37, 230, 247, 315*
Mateus Valadares, *198, 213, 300*
Mateus de Paula Santos, *9,* 140
Matte Leão, *40*
Mayra Gomes Rodrigues, *18*
Mayra Pedroso, *145*
Meio ambiente, *8, 13, 22, 72, 79, 180*
Memória, 9, 13, 17, 18, 19, 23, 88, 89, 91, 93, 95, 99, 109, 110, 111, *113, 181, 288,* 290
Memória arquitetura, *109*
Milton Cipis, 106, *222, 228, 246, 248*
MIS - Museu da Imaem e do Som, 238, *244*
Mococa, *106*
Monica Watanabe, *60*
Mooz, *261, 263, 264, 266, 298*
Mostra Luz em Movimento, *258*
Movie&Art, *153*
Movimento Brasil Competitivo, *235*

324

MTV, 9, 75, 81, 111, 112, 154, 162, 163
Museu Casa do Pontal, 246
Museu da Lingua Portuguesa, 273, 275, 292
Museu exploratório de Ciências, 238, 242
Museu Lasar Segal, 211

N
Nanquim, 238, 239
Nara Roesler, 235, 237, 288
Naraiana Peret, 128, 172, 176, 259
Narita Design, 36
Nasha Gil, 58, 184, 186, 251, 253, 254, 255, 299, 308, 310
Nativa Spa, 48
NBP, 278, 281
Nestlé, 35, 40
Ney Valle, 219, 221, 257, 277
Nikolas Lorencini, 264, 268
Niramekko, 52, 126
Nitrocorpz Design, 164, 165
Nokia, 212
Notirt, 278, 279

O
O Boticário, 48
O Malho, 113
Objetos de Desejo, 192
Odebrecht, 109, 283
Ogilvy & Mather – MG, 238, 240
Oi telefonia, 52
Olivia Ribeiro Ferreira, 183
Omo, 50
Opus Multipla, 62, 307
Oris, 222, 226
OSESP, 213
Oz design, 39, 65, 246, 250, 261

P
Pão de Açúcar, 41, 221, 231, 232
Parapan Rio 2007, 218, 221
Parque Lage, 308, 312
Parque Estadual Serra do Mar, 246, 250
Pedro Garavaglia, 183
Pedro Henrique Garcia, 69
Peligro Discos, 127
Pernambuco Design, 9, 261, 263
Petrobras, 55, 144
Phill Photographic, 142
Pictogramas, 19, 220, 264, 265, 289

Pierre Mendell, 288
Piloto Cinema e Televisão, 154, 155
Pindorama, 132
Ponto Design, 94
Pop Marketing, 35
Portfolio, 8, 57, 62, 68, 72, 142, 148, 158, 285
Portal, 113
Porto Seguro Seguros, 65
Pós Imagem Design, 56, 133
Postal, 125, 189
Poupançudos, 152
Priscila Loss Fighera, 153, 254, 274
Processual, 177
Promocional, 10, 62, 131, 183, 189, 233
PS.2 arquitetura, 127, 131, 158, 159, 161, 203, 238, 244, 245, 310
Publivision, 63
PUC-RJ, 8, 9, 107
PUC-SP, 10, 272

Q
Quarter Group, 46, 47, 49

R
Radiográfico, 183
Rafael Ayres, 56, 133
Rafael de Azevedo Alves de Abreu, 188
Rafael Cardoso, 9, 88
Rafael Maia, 209
Rara Dias, 201
Razzo, 49
Redesign, 39, 65, 90, 106, 248
Refresh, 154
Relatório anual, 55, 144
Renan Molin, 37, 308
Repertório, 11, 18, 19, 20, 23, 89, 116, 120, 169, 174, 278, 287, 301
Responsabilidade ambiental, 73
Responsabilidade social, 58
Revista Capricho, 90
Revista Casa & Mercado, 54
Revista eletrônica, 245
Revista Idéia, 53
Revista Metalurgia, 59
Revista s/nº, 297, 300, 301
Revista Zupi, 182
REX Design, 34, 38, 50, 95, 96, 124, 132, 174, 175, 222, 229, 243, 276, 313

Ricardo Leite, *52, 63, 110*
Ricardo van Steen, *160, 238, 251, 252, 279, 290*
Rico Lins, *210, 275, 302, 304*
Rita Mayumi kayama, *286, 287*
Rodolfo Rezende, *77, 180*
Rodrigo Pimenta, *81, 154*
Rodrigo Saiani, *52, 126*
Rodrigo Teco, *142, 143*
Ronald Kapaz, *39, 65*
Ronaldo Fraga, *130, 156, 197, 199, 200*
Rush, *38*
Ruth Klotzel, *189*

S

Salomé, *314, 315*
SambaPhoto, *180*
Sâmia Batista, *83, 84*
Sebrae, *56*
Secretaria de Estado da Cultura do Estado
    de São Paulo, *185, 296, 308*
Selo, *200, 222, 230*
Seminário, *6, 77, 133, 263, 297*
Semiosfera, *20, 21, 22, 24, 320*
SENAC, *10, 61, 64, 188, 268*
SENAI, *133*
SESI, *208*
Shabat, *289*
Silvia Sanae Kabashima, *148, 192*
Silvio Silva Jr., *48, 122*
Simbólico, *17, 20, 22, 23, 63, 153, 261*
Sinalética, *285*
Sinalização, *24, 141, 273, 274, 275, 283, 285*
Sistema cultural, *25*
Sistema de identidade, *83, 229, 237, 243, 247, 251,
    262, 276*
Solarius, *38*
Sollys, *40*
SPA das Artes, *206, 207*
Sparkkli, *46, 47*
SPFW, *130*
Spilfoods, *34, 38*
Subastiana, *108*
Superbacana Design, *61, 191, 261, 262*
Superfície-marca, *103*
Supergrupo, *129*
Suplemento literário, *181*
Sustentabilidade, *8, 13, 22, 72, 73, 74, 75, 77, 78, 79,
    81, 82, 83, 85, 204, 230*

Suzano de Papel e Celulose, *53*

T

Tabaruba design, *55, 144*
Tabloide, *180*
Taeq, *41*
Tag, *176, 228*
Talk, *238, 240*
Tang, *36*
Tatiana Andrino, *35*
Tatiana Sperhacke, *85*
Tavinho Moura, *135*
Teaser, *176*
Tecnicolor, *314*
Tecnopop, *13, 61, 111, 112, 123, 135, 235, 236, 237, 275,
    280, 281, 288, 292, 312*
Tempo Design, *160, 238, 252, 279, 290*
Terra Brasilis, *311*
Terra Trends, *254, 255*
Theatro São Pedro, *91, 92, 314, 317*
Theo Carvalho, *61, 111, 123*
Thiago Lacaz, *211, 242, 258, 311, 314*
Tiago Capute, *146, 178*
Tipografia, *9, 10, 22, 33, 34, 41, 49, 56, 61, 75, 80, 84,
    97, 140, 144, 146, 150, 154, 157, 163, 165, 177, 178,
    190, 201, 222, 228, 230, 231, 237, 256, 258, 263,
    268, 269, 297, 308, 314*
Tipos do aCASO, *134*
Torchetti Design, *128, 172, 176, 238, 241, 282*
Trabalho de Conclusão da graduação, *64, 82, 104,
    107, 108, 146, 157, 178, 179, 187, 188, 192, 268, 285*
Trajetória, *16, 269*
O Trem Maluco, *174*
Triton, *143, 238, 279*
TVCOM, *160*
Typedesign, *267*

U

Unibanco, *66*
Unilever, *34, 50, 274*
Univers design, *78, 95, 274*
Universidade Anhembi-Morumbi, *157*
Universidade de Campinas, *242*
Universidade do Estado de M.Gerais – UEMG,
    104, 129
Universidade FUMEC, *82, 108, 146, 178, 285*

V

Vale dos Cristais, *283*
Vazio S/A, *147*
Velocitá, *222, 228*
Vernacular, 9, 13, 23, 116, 117, 119, 120, *122, 124, 128*
Vicente Gil, *58, 59, 184, 185, 186, 187, 192, 251, 253, 254, 255, 299, 308, 310*
Vicente Pessôa, *103, 177*
Vicente Repolês, *176*
Viking, *49*
Villas-Boas, 118, 119, 320
Vinheta, *89, 110, 112, 163*
Virgínia Queiroz, *128, 241*
Vivian de Cerqueira Leite, *61, 191, 262*
Vivian Werdedesheim, *154, 155*
Voltz Design, *45*
Votorantim, 55

W

WAR in Rio, *137*
Website, 140, *142, 143, 144, 147, 156, 159, 161, 164, 165,* 278
Whirlpool, 265
WildStudio Design, *92, 196, 317*
WWF, *149, 150, 151*

Y

Yoshiharu Arakaki, *112*

Z

Zoludesign, *206, 207*
Zoológico de Curitiba, 246, *247*
Zupi Design, *182*

Todo o trabalho de curadoria e seleção dos projetos enviados foi voluntário.

Todos os autores deste livro cederam seus direitos autorais em favor da ADG Brasil — Associação dos Designers Gráficos do Brasil.

As informações apresentadas neste livro foram baseadas em documentos fornecidos pelos designers responsáveis pelos projetos apresentados.

Todos os direitos de uso das imagens e reprodução foram cedidos pelos designers.

Este livro foi composto em Thanis e Thanis text — ©TIPOMAKHIA, *especialmente desenvolvidas para o projeto gráfico da revista da ADG Brasil em 2002.*

Impresso em papel Couché matte 150 g/m fabricado pela Cia Suzano de Papel e Celulose.

Nas guardas foi utilizado papel Vergé, 120 grs/m, Turmalina, produzido pela Arjo Wiggins.

Impresso pelo processo offset, quadricromia, na impressora japonesa Komori Lithrone S40P/8 cores.

Impressão e acabamento pela Geográfica Editora.

Impresso em São Paulo, Brasil.